◉入門 江戸しぐさ

「また会いたい人」と言われる話し方

江戸しぐさ語りべの会主宰
越川禮子
Reiko Koshikawa

◉入門　江戸しぐさ

「また会いたい人」と言われる話し方

目次

ステップ1　話しことばのしぐさ

このひと言であなたは愛される

ステップ2　お付き合いからビジネスまでのしぐさ

しぐさ次第で話しことばのレベルが上がる

《ビジネスしぐさ》

ステップ3　自分を磨くしぐさ

ことばとしぐさは「心映え」から生まれる

イラスト・平野恵理子
装幀・福澤郁文
デザインDTP・髙田真貴

［ステップ1］

◉話しことばのしぐさ

このひと言で あなたは愛される

「丸い卵も切りようで四角、ものは言いようで角が立つ」という洒落た言い回しがあります。ご存知かもしれませんが、同じような意味をストレートに表現した有名な一文があります。明治の文豪・夏目漱石が書いた『草枕』の冒頭ですね。

「山路を登りながらこう考えた。情に棹《さお》させば流される。智に働けば角が立つ。意地を通せば窮屈だ。とかくこの世は住みにくい」

角が立つとは、理屈っぽい言い方や行動で、他人との間が穏やかでなくなること、と国語辞典にあります。当然ですね。同じことを言うにしても、きびしい言い方や理屈っぽい言い方をすればとげとげしく聞こえますし、また、どうでもいいような気のない言い方をすれば、（なんだ、人のことを無視して……）と、相手を怒らせてしまいます。

現在、多くの地域や小・中学校で、おはよう、ありがとう、しつれいします、すみません、の四つのことばの頭文字をとった「オアシス運動」が行なわれています。一九八十年代からはじまった運動で、愛知県知多半島の阿久比町では町ぐるみで実践しているそうです。

なんで、こんな当たり前のことをいまさら――と感じる方がいるかもしれませんが、実は、残念ながら、これらの「オアシスことば」がすんなりと口をついて出てこないほど、私たちの話しことばが乱れてしまっているのが現実です。朝の挨拶をしないのはもちろん、人の心を逆なでするいやみな言い方、チクリチクリと刺すようなことば遣い、人の言うことに耳をかさないで自分ばかりべらべらとしゃべりまくり、ご近所づきあいを混乱させたりビジネスチャンスをだめにしている人など、身近にも多く見受けられます。

せっかく出会えたのならば、お互いに気持ちよくお付き合いしたほうがいいに決まっています。そうは思いませんか？　そして、そのほうがストレスだってたまりません。こうした心構えを集約したのが、これからお話しする「江戸しぐさ」です。

「江戸しぐさ」とはいじめがしたくなくなる、いくさがしたくなくなるしぐさです。いくさとは、大は戦争から、小は身近ないさかいまでを含みます。話し方、目つき、表情、身のこなしなどにさまざまな工夫を凝らし、より正確に自分の心を相手に伝え、相手も自分も気持ちよく暮らしていける社会を築きあげてきた「江戸しぐさ」には磨き抜かれた臨機応変の性質があります。ケースバイケース、チャンスバイチャンスです。つまり、状況に応じていろいろな対応の仕方があります。現代風に言えば、マニュアルなのかと言われそうですがそれは違います。マニュアルを超えたマニュアルです。いや、マニュアルよりセンスと言ったほうがよりいいでしょう。

どんな言い方がいいのか悪いのか、どうしたら、気持ちのいいお付き合いができるのか、できないのか――。江戸人のセンス「江戸しぐさ」のコツをひとつでも多く身につけ、友だち付き合い、親戚付き合い、ご近所付き合い、職場関係のお付き合いなどに、是非役立ててください。

この「ステップ1」では、実際に役立つ話し方を、「ステップ2」では、その、話し方がさらにセンスよく見えるしぐさを、「ステップ3」では、その話し方及びしぐさの元になっている心の持ち方について記してあります。

「ステップ1」から「ステップ3」まで順にページを追っていただき、読み終えたところで今度は逆に「ステップ3」から「ステップ1」までをさらりと思い返していただければ「江戸しぐさ」のセンスを、より深く理解し、身につけていただけるのではないでしょうか――。

呼ばれたら、元気よく一度だけ「はい」と返事をしましょう

呼ばれたらすぐに返事をする、ということですね。わたしたちは小学校一年生に入学したとき、真っ先にこれを教えられました。それも「はい！」と一回だけ、明るい元気な声で——。これは江戸しぐさはもちろん、人間としての基本ではないでしょうか。ところがなかには「はい、はい」とだるそうに返事をする人がいます。これは人を小馬鹿にした言い方です。いかにも面倒くさそうに聞こえますね。これを「二度返事」と言います。

続けて話しかけるのがいやになってしまいます。仕事を頼もうと思っても、お茶に誘おうと思っても「まあ、いいか」となります。これが、仕事上のお付き合いをしている相手との会話だとしたら困ります。みすみす、チャンスを失うことにつながってしまうかもしれないからです。

この二度返事によく似た言い方に「二つ返事」があります。「二つ返事」とは、なにか頼まれごとをしたときに気持ちよく引き受けることです。そして即実行します。即とは、直《ただ》ちにとかすぐにという意味ですね。仕事を頼んだとき、相手がこんなふうに反応してくれたら、誰だって「よし、次もこの人に頼もう」という気持ちになります。江戸人たちはこの即実行の身のこなしを、別の言い方で「打てば響く……」とも言いました。きびきびとしたしぐさは、傍で見ていて気持ちのよいものです。しかし、こんなところが、江戸っ子は気が短いといわれた理由のひとつかもしれませんが……。

江戸しぐさで肝心なことは、きちんとしたことば遣いがすべての基本になっていることです。商人がお客様のお相手をするとき、当然のことですが、こちらの話すことばがお客様の耳にとって、気持ちのいいものでなければなりません。ですから、お客様に対していつも尊敬の念を忘れず、ひと言ひと言気配りのある表現をすることが大切な心得とされたのです。あとで詳しく説明しますが、これを世辞といいます。大人のことばです。

「はい、はい」という返事の仕方ひとつとっても、気分を害する言い方と、そうでない言い方に分かれます。物は言いようで角が立つとはよく言ったものですね。

「どうぞお楽に……」で、相手の気持ちを思いやりましょう

江戸の歴史は十当《とお》たり、人の気持ちも十当たりといって、人はそれぞれ十人十色、その人なりのものの考え方や言い方があると江戸人たちは考えていました。ですから、相手への尊敬をこめて「お好きなように、どうぞご自由に」という意味で「どうぞ御随意《ごずい》に」ということばを使いました。

しかし、今ではこの言い方は硬すぎますね。「ご勝手にどうぞ……」と突き放したような冷たい言い方にとられかねませんから——。そこで、現代風に使うならば「どうぞ、お楽に……」でいかがでしょうか。たとえば、相手がはじめてあなたの会社を訪問した場合、どうでしょう？　大事な話し合いにやって

きたときなど、緊張で硬くなっているはずですね。そんなとき、このひと言を言われたならば、お客様はまず気がすっと楽になります。もちろん体もです。好印象を持つことうけあいです。

相手の気持ちを思いやること、これが江戸しぐさです。自分が相手の立場に立ったときのことを想像して、思いやりの言葉をかける——このたったひと言が、こわばった雰囲気をがらりと変えてしまう力を持っているのです。お互いに気持ちよく暮らすためのコツです。

江戸人たちの人間評価法のひとつに「一事が万事」ということばがあります。これは一部分を見れば全体が判断できるという意味ですね。ことばの使い方一つを見て、信用できる人かそうでない人かを一瞬で見分けたそうです。ことば遣いのいい悪いは、商人にとっては、お客様を逃がすか、つかまえるかになるわけですから、ひと言ひと言が真剣勝負です。

先輩は後輩たちに向かい、「誰に対しても尊敬の気持ちを持たないと、江戸では生きていかれませんよ」と諭《さと》したそうです。礼儀正しく、プライバシーを侵さず、対等なお付き合いを心がけた住みよい町、それが江戸だったのですね。

「すみません」でお詫び、「ありがとう」で感謝の気持ちを伝えましょう

江戸人は人をみな仏の化身と考えていました。いつでもどこでも仏様が見ていらっしゃるから悪いことはできないと気をつけたのです。そして、目の前にいる相手に対し、清く澄んだ心になれなかったことを詫びることばが「すみま

せん（澄みません）」でした。江戸人が、地名の「板橋」を、江戸を出て行くときは「いたばし」、入るときは「いたはし」と言ったのは「澄む」ことにこだわり、濁音を避けたからだと言われています。

素直に謝れば、謝られたほうだって知らん顔はしていられません。ギクシャクした感情があったとしても、自然に心を開かざるをえないでしょう。これがお付き合いの秘訣です。ところがなかには、アメリカ流の権利意識にかぶれ、謝ると損だ、不利だ、人に頭なんか下げられるものか、といったかたくなな態度をとる人がいます。こういう人たちはたいてい、つくらなくてもいい敵をつくっている人に多いようですね。

だからといって、「すみません」の連発は軽々しく見られます。ちなみに、「ありがとう」も「すみません」と同じような使われ方をしていることばです。でも、「ありがとう」は本来「有り難う」、つまり、めったにないことに対して感謝することばのはずです。何かをしてもらったときに、「すみません」と言う人が多く見られますが、本当は「ありがとう」「ありがとうございます」と言ってほしいものです。

気の利いたことばの使い方――今流に言えば「品格」のあることばのやり取りをすることが商売繁盛の秘訣です。これは昔も今も変わりません。このことを江戸人は「いきは得、野暮は損」と言いました。相手とウマが合うことをいき（意気、息）が合うと言いますが、お互いにいきがあえば、商談もうまくいきますね。それに対し、相手の気持ちを察しようともせず、こちらの都合のいいことばかり言っても、商品は売れません。やがて相手にされなくなります。そして、こんな自分勝手な態度を、江戸人は野暮と言ったのです。

「一期一会」の心をこめて、初対面の挨拶をしましょう

江戸人は、初対面のときの挨拶に「はじめまして」と言うと、水臭いと言われました。そして即座に、「お前さん、江戸の生まれじゃないね」ということばが返ってきたそうです。その理由は、お互いのご先祖様同士はすでにご縁があり、自分たちはその末裔、という思いがあったからですね。「先祖がお世話になりまして……」という挨拶をする町衆もいたそうです。そんな江戸人の心を活かした初対面の挨拶は、今なら、「はじめてお目にかかります」か「よろしくお願いします」ではないでしょうか。

江戸の商人たちは、はじめての人に会ったとき、瞬時に、十年来の古い友人にでも会ったような目つきをしました。具体的に言うと、陽気な目つきで、まず挨拶を交わしたのです。これを「お愛想目つき」と言います。お店の品物を買ってくれる、くれないに関係ありません。お客でないとわかるとたんに仏頂面をするようでは、一人前の大人とは言われなかったのです。商人たちは、自分たちの江戸の町を少しでも住みやすくするために、お客様との出会いの瞬間を一生に一度のものと心得て、「一期一会」の心を大切にして誠心誠意、人と接したのでした。

「お愛想目つき」の反対が「陰《かげ》り目」です。文字どおり陰気な目つきのことです。人付き合いで大切なことは、まずは人を不愉快にさせないことです。明るく陽気なほうがいいに決まっています。しかし、いくら陽気がいいといっても、図々しすぎるのは困ります。上司を友だち扱いし、軽々しくタメ口を聞いたりするような行動は論外ですね。最近は女性の上司が増えていますが、異性の上司に対し、軽々しい態度をとる若い女性が多いといったことを耳にしますが、そんな態度はつつしんでほしいものです。なんといっても、いちばん大切なのは、その場の自分の立場にふさわしい気の配り方なのですから。

しかし、ものにはいわゆる限度があります。マナーの本に書いてあったからといって、いつまでたっても他人行儀な態度だと、なかなか打ち解けませんし、杓子定規な会話しかできません。いわゆるマニュアルタイプと言われる人たちの欠点がこれですね。微妙なやりとりを必要とするビジネスの場合、他人行儀な態度をとりすぎると、これは、言わずもがなでしょう。なにごとも臨機応変が大切です。それが大人の知恵です。

にこっと微笑んで「はじめてお目にかかります」——とひと言。

明日からでも、実行してみませんか?

「少々」と「ごろ」は正確に使いましょう

人との約束はあいまいにしないのが基本です。これは江戸時代も今も変わりませんね。そこで、今のわたしたちの周囲を振り返ってみると、「少々お待ちください」という言い方を、簡単に使いすぎているのではと思うのはわたしだけでしょうか？　ほんとに少々ならいいけれど、そうでないとき、待たされるほうは「なんだ！　いい加減な奴」と判断しかねません。江戸人たちには、こんなとき、はっきり「×分、お待ち願います」と言ったそうですよ。

しかし、ここが江戸人のいきなところですが、ルーズな相手には、あえて「ごろ」を使ったといいます。相手を見て使い分けたのですね。信用がおけると判断した人には、「ごろ」という言い方は使わなかったのです。たとえば、あなたがはじめてのところを訪問するとき、「三時においでください」と言われるのと「三時ごろおいでください」と言われるのでは、どちらのほうが気持ちがいいでしょうか。考えてみればすぐにわかるはずです。

なんの連絡もせず、相手の都合などお構いなしにいきなり押しかける人のことを、江戸人たちは「時泥棒」と言いました。では、どうしたかというと、あらかじめ手紙か使いを出して、相手のスケジュールをたずねました。たとえ娘の嫁ぎ先であってもいきなりたずねることはなかったそうです。借りた金は返せても、相手から勝手に奪った時間は返すことができない、「時泥棒は弁済不能の十両の罪」と心得ていたからでした。ちなみに、一両は現代のお金に換算して十数万円になります。

携帯電話が普及した現在、電話一本で手軽に相手の都合を聞くことができます。仕事先にかけたときなどは、たとえ親しい間柄の人であっても「今、よろしいですか」のひと言を添える心配りがほしいものです。

昔も今も、時間を守れない人は信用されません。ちなみに私の「江戸しぐさ」の師である故・芝三光氏は、約束の時間のズレによって、相手の信用度を三段階に分けていました。

Aランクはプラスマイナス五分のズレ、Bランクは十五分、それ以上はCランクでした。あなたは、AですかBですか？　それとも――。

足を踏まれたら「うかつあやまり」で応じましょう

現代では、まず「うかつ」ということばが死語になっています。「うかつ」とは「うっかり、ぼんやり、不注意に」という意味です。きれいなことばだと思います。こういうことばは、ぜひ残しておきたいものですね。ちょっとむずかしいですが漢字だと「迂闊」と書きます。

たとえば混んだ電車で足を踏んでしまうことがあります。こんなとき、江戸人たちは踏んだほうが「ごめんなさい」とあやまるのはもちろんですが、踏まれたほうも、よけられなかった「わたしもうかつでした」と応じました。これを「うかつあやまり」といいます。口には出さなくても、(いやいや、こちらこそ……）という意味をこめたしぐさで応じて、その場の雰囲気をとげとげしいものにしないように気を配ったのですね。

踏まれたほうがなぜあやまらなきゃいけないの？と、あるとき、中学生から質問されました。この男の子だけでなく、現代人のほとんどはそう思うでしょう。しかし、ここが、現代人と江戸人たちの違うところです。そのわけは、今度は自分が踏む側になるかもしれないからと考えたからでしょうか――。お互いたった一度の人生です。それを、足を踏んだ踏まれたというだけで喧嘩をしては、こんなつまらないことはありません。そう思って、「いえいえ、（踏まれてしまった）こちらこそ……」と応じたのです。みんなが気持ちよく暮らすために、お互いさまの心を大切にしたのですね。このことを、もっと本当の意味で言えば、踏まれそうな瞬間を事前に察し、さっと身をひるがえして難を避ける素早さこそ江戸で暮らしていくセンスと考えていたからでした。

お互いが気持ちよく暮らすということではこんな例もあります。長屋に病人が出たときです。住人の誰かが長屋の入り口に（この長屋には病人がいるよ）という目印をぶら下げておきます。すると、その長屋で商売をしようとやってきた棒手振り（行商人）は病人を気遣い、売り声をあげずに、静かにその長屋を通り抜けていきました。これなど、困ったときはお互いさまの典型的な思いやりの例と言えるでしょう。

また、道路はお城（江戸城）へ通じる廊下と考えていましたから、ゴミを捨てる、ツバを吐く、歩きながらタバコを吸うことなどは、とんでもないことでした。だから、わざわざ条例をつくってパトロールしなくても、江戸はいつもきれいな町でした。

「へ」と「に」を使い分けた江戸人の心を学びましょう

「〜へ」の場合は方向、「〜に」は場所を示します。たとえば、子どもが学校に行ってきます、と言えば、「がんばって勉強しておいで」となり、学校へ行ってきます、と言えば、「なにしに行くの？」という返事が返ってきました。

わたしたち現代人は、ここまで正確に使い分ける必要はないでしょうが、「少々」と「ごろ」の項でもお話したように、はっきりさせるところははっきりさせるという江戸人たちの正確なことばの使い方は、ぜひとも忘れたくないものですね。それが素敵な大人の話し方ではないでしょうか。

メールアドレスをメアド、ファミリーレストランに行くことをファミるなど、わたしたちは言葉遊び（？）を楽しんでいます。これはこれでなかなか遣い勝手のいいものです。が、江戸人たちのことば遣いから見れば、今どきの若者ことばのなかには、気になる言い方が多く見受けられます。たとえば、

▲お荷物お預かりします↓お荷物のほう、お預かりします。

▲○○さんと話をしてました↓○○さんと話とかしてました。

▲わたしはそう思います。↓わたし的にはそう思います。

▲とてもよかった↓とてもよかったかな、みたいな……。

いずれも、なんとなくはっきりとしない言い方です。最後の「——かな、みたいな……」は、よかったのか悪かったのか、いったいどっちなのかわかりません。責任を持たない、いい加減な言い方は避けたいものです。

若者ことばの極めつけといえば、今では廃《すた》れてきたようですが「うっそ〜」

でしょう。「わぁ、信じられない！」という感嘆の気持ちが「うっそ〜」という言い方になったのでしょうが、いい年をした大人たちもどんどん使っていました。わたしはこのことばをはじめて聞いたとき、どう反応していいのかわかりませんでした。

気のおけない仲間内ならともかく、ご近所や仕事関係などのお付き合いでは、はっきりさせるところははっきりさせることば遣いのほうが信頼されます。その場にふさわしいことば遣いのできることが、一人前の証《あか》しなのですから。

「おはようございます」には「おはようございます」で応じましょう

江戸しぐさは上に立つ人のしぐさですが、基本のひとつに人間互角の付き合いがありました。つまり挨拶の仕方に身分の上下はなかったのです。たとえば、昨日入社したばかりの社員から「おはようございます」と挨拶をされたら、部長はもちろん社長でも、「おはようございます」と応じました。まかり間違っても、偉そうにふんぞりかえって、おもむろに頷くだけというような横柄な応対はしませんでした。

その理由は、江戸人たちが、ことばの乱れは生活の乱れと、自分自身を戒める目安にしていたからです。つまり、自分が乱暴な口のきき方をすれば、相手ものように応じてくる、逆に、相手が乱暴な話し方をしてくるのは、自分の話し方がそもそも乱暴だから——と考えたのですね。興奮してだんだん汚いことばで言い争い、ついには殴りあいになる電車の中のけんかなどは、その典型ではないでしょうか。ちなみにこうした汚いことばを「手斧（ちょうな）ことば」といいます。くわしくは六一ページを参照してください。

だからといって、いつもシャチほこばった言い方でいる必要はありません。そのときどきの状況次第で打ち解けた言い方も可能でした。しかし、それには条件があります。どこまで打ち解けていいのかを即時に判断することが必要でした。そして、それができることが江戸に暮らす大人の条件と言われました。

それを「はしょる（端折る）」と言います。「はしょる」とはものごとを省く、簡単にするという意味ですね。もともとは着物の裾を帯にはさむことですが、江戸人たちは、本来はきちんとやるべきだけれど、今回はまあいいか、例外のない規則はありますまい——と、臨機応変に、ことばやしぐさをはしょったりしたのです。そして、はしょることで気のおけない間柄であることを確認しあったのです。

たとえば、馴染みのレストランなどへ食事に行ったときなどどうでしょう。もう何度も来ているのに、はじめて会う人を見るような目つきをされて、「いらっしゃいませ」と言われるより、少々くだけた言い方でも笑顔と共に「いらっしゃい」と言われたほうが気持ちがいいでしょう。これが、わたしがいつもお話している「仕草は思草」ということです。（四七ページ参照）ことばに気持ちの裏づけがあるということです。

自分より弱い立場の人を相手に威張る、自慢するのは最悪です。野暮の骨頂です。自分だけが注目を浴びれば人のことなどどうでもいい、という目立ちたがり屋は、最低の人として軽蔑されました。そんなことを言わなくてもいいのにと思うのですが、困ったことによくいますね、こんなはた迷惑な人。江戸で「バカ」とは、TPOを知らない人のことを言ったそうです。

「死んだらごめん」の心意気で約束は必ず守りましょう

江戸商人たちの約束は口約束でした。でも約束は約束です。守らなければなりません。それは今も昔も同じです。ましてや、信用が第一のビジネスの世界での約束は言うまでもありませんね。でも、その相手が死んでしまったらどうなるでしょう?

たとえ不履行でも仕方のないこととあきらめるか、それとも、家族に残された財産を差し押さえてでも約束を果たしてもらうのか――。まぁ、どこまでやるかは約束の内容や方法によってくるでしょうが。

ところで、江戸人たちは、約束は絶対に果たしますという意味で「死んだらごめん」という言い方をしました。この言葉は、いったん約束したことは必ず守るという決意表明です。そして、守れないときは死んだときだけ、という暗黙の了解でした。

同じような意味合いで使われたことばに、「人前で顔を赤らめることなく生きたい」や「結界わきまえ」（一三七ページ参照）があります。「人前で顔を赤らめることなく生きたい」は、恥ずかしいことはしない、世間様に迷惑をかけないということです。「結界わきまえ」は、自分の立場、力量などを客観的に把握しておくことです。結界とは仏教から来たことばで、聖なる領域と俗なる領域を分ける境界を言います。作法・礼儀・知識のない人は、その境界を越えて領域内に入りこむ無作法者と言われたのですね。そして「餅は餅屋」、餅のことは餅屋に任せろと専門性を立てたのでした。

人は一人では生きていけません。大勢の人に助けられています。江戸人たちは、そのことに対し感謝の気持ちを持っていました。「人前で顔を赤らめることなく生きたい」「結界わきまえ」のどちらのことばも、江戸人の生き方を示しているのです。

今では、子どもたちの遊びも様変わりしました。塾通いで遊ぶ時間がないのか、それともTVゲームで忙しいのか、公園で元気に遊び回る姿を見かけることが少なくなりました。昭和三十年代には、子どもたちの遊びで、大事な約束をするとき、互いの小指をからめあい、「指きりげんまん、嘘ついたら針千本のーます、指切った」と呪文のように言うちょっと怖いわらべ歌が残っていました。

「指きりげんまん……」の「げんまん」は、げんこつ一万回の意味だそうです。子どもたちの遊びに残っている唯一の江戸しぐさです。このことばを口にするたびに、約束を守ることがどれだけ大切かということが子どもたちの心にしみこみ、一生忘れられない癖になっていったのではないでしょうか。

はじめてのお客様には「お茶は濃い目でよろしいですか?」とひと言、添えましょう

江戸では、はじめてのお客様にお茶を差し上げるとき好みを聞きました。煎茶か? 番茶か? 熱めがいいか? それともぬるいお茶がいいか? などです。それに対しお客様は、自分の好みをきちんと伝えました。合理的で無駄の

ないご接待ですね。

「おまかせします」などと言う人に限って、（熱くて飲めないお茶なんか出して、わたしは猫舌なのよ！）などと、後でぶつぶつ言うのではないでしょうか。もちろん、好みをたずねるのは初対面のときだけです。二度目からはお客様の好みを間違えずに出したのは言うまでもありません。これが江戸しぐさです。

伝統のあるホテルのドアマンが常連のお客様の顔と名前をすべて記憶している話を聞くことがあります。これなどまさに、江戸の商人しぐさの典型です。こうした気配りがあるからこそ、お客様はまた足を運ぶのです。コンビニエンスストアなどで耳にする今どきのマニュアルだけのお愛想とはまったく違います。念のため。


こうした気配りの届いた江戸しぐさはほかにもあります。「念入れしぐさ」がそうです。いろいろな「しぐさ」については次の章でくわしくお話しますので、ここでは簡単に触れておきましょう。「念入れしぐさ」とは、ことばどおり念には念を入れて確認をすることです。商人ならばつり銭の間違いや戸締り、主婦ならば火の元の用心など、人様に迷惑をかけないよう、つまり、お互いに気持ちよく生活できるように心を砕いたのです。

「火事とけんかは江戸の華」ということばがあるように、江戸の町には、三年に一度は大火事、七日に一度はボヤがあったと言われています。当時の家は木と竹と紙でできていますから、いったん火事になると火の回るのが早く、それだけに、火の用心や夜回りなどの火の始末には念には念を入れたのですね。

ちなみに「地震、雷、火事、親父」ということばがあります。これは、怖いもの順に並べたと解釈されているようですがそうではありません。親父とは家族構成から言えば筆頭になります。つまり、一番という意味です。で、「地震、雷、火事、親父」とは、地震、雷のときは火事が親父、つまり火事が一番怖いよ、という意味です。現在、親父が一番怖いかどうかは知りませんよ。

「どちらへ」とは聞かないのがセンスのいいふるまいです

プライバシーを大切と考えれば、行き先は問わないのが常識です。でも、挨拶は大切です。顔見知りがどこかへでかけるのを見かけたら知らん顔をせずに、「おでかけですか?」と声をかけましょう。言いたくなければ、これに「ええ、ちょっとそこまで」とあいまいな返事をすればいいのです。

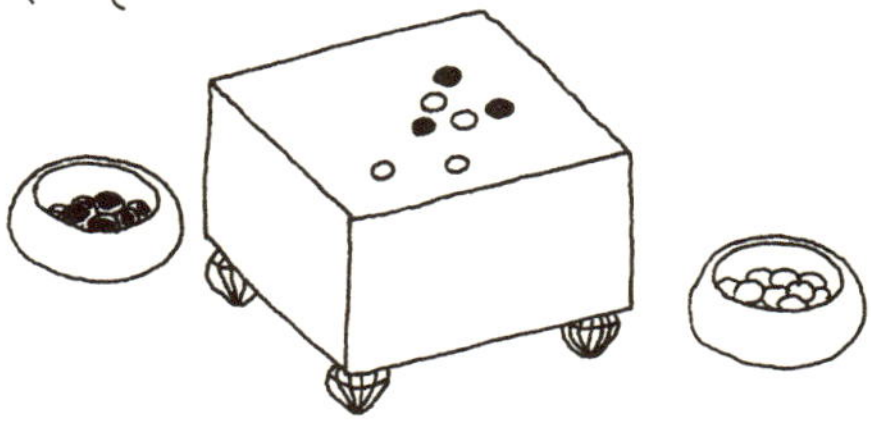

江戸人はプライバシーを大切にしましたから、「ちょっとって、どこ?」な

どとさらに聞き返すと、「どこへ行こうと私の勝手」という返事が飛んできました。別に差支えがなかったら、「○○へ行ってきます」と行く先を告げてもいいでしょう。

そんなとき、聞いた人は、自分が行ったことのある場所でも、聞かれない限り、あそこはどう、ここはどうと批評めいたことを言ってはいけません。聞かされたほうは、せっかくの楽しみを台無しにされた気分になってしまいますからね。気持ちよく送り出してあげることがまず大切です。ちょっと謙虚に相手の気持ちを立てること、これが江戸人たちのお付き合いのコツなのですから。

しかし、いくらプライバシーを大切にするからといって、たとえば、社内のエレベーターで、ほとんど口をきいたことのない他の課の人と乗り合わせたときなど、なんの挨拶も交わさないのは、ちょっと大人気ないですね。話すことがなかったら目礼か会釈くらいはしたいものです。「目は口ほどにものを言う」

と言われるとおり、これだけでも雰囲気が変わりますよ。

プライバシーに関して言えば、江戸しぐさには、もうひとつ「三脱の教え」があります。これは初対面のとき、相手の地位、年齢、職業を聞かないことです。相手の地位などを聞くと、ついつい色眼鏡で見てしまうからです（くわしくは一五四ページ）。

江戸人たちは、日ごろから人を見る目を養い、自分の判断で相手の人柄を見抜き、卑屈にもならず、失礼にもならない人間互角の楽しいお付き合いへとつなげていくことが大人のセンスと考えていたのです。

「忙しい」「忘れる」は禁句です

「忙」も「忘」も心をなくすと書きます。江戸人たちは、「心がない」ことを意味するこの二つのことばを嫌いました。「三つ心、六つ躾《しつけ》、九つことば……」といって、三歳になったら、理屈はともかく人の心を備えるのが人間と考えていましたから、「忙しい」「忘れました」は心をなくした人、三歳児以下と思われたのと同じことでした。

ですから、江戸人たちはこの二つのことばを他人から言われたら顔を青くして怒りました。ただし、心を失っていることを恥じて、自分から言うのはＯＫでした。江戸時代のこのことば遣いを現代にそのままあてはめるのは違和感がありますが、心をなくさないという本来の考え方は、ぜひ見習いたいものですね。

ところで、「しぐさ」と似たことばに「ふり」があります。悲しいふり、うれしいふり、そ知らぬふりのふりです。江戸人は「しぐさ」と「ふり」を以下のように使い分けていました。

「しぐさ」とは、育った環境の影響で、癖になるまで体にしみこんだ考え方が表に出てきたもの。

「ふり」は学んだことが、体をとおして意識的に表に出てきたもの――。

そして、「しぐさ」も「ふり（ふるまい）」も、はじめに心があると考えました。このことを、わたしは「しぐさ（仕草＝態度や表情）の前にしぐさ（思草＝思慮、思考）あり」と言っています。

「忙」や「忘」など、江戸人にとって、心をなくしたといえば大変なことでした。

そうならないためにも、知識以前の、人として生きる道を学ぶことをおこたりませんでした。それを「お心肥（おしんこやし）」と言います。おいしいものを食べて体を肥えさせるのと同じように、心も豊かに肥えさせ、人格や品格を高めることを大事にする、という意味です。このことばもいいですね。なんとなくユーモアもあります。ぜひ、若い方々にも使ってほしいものです。

いかにも事務的に「わかりません」と言ってはいけません

江戸時代、商品のことを聞かれたとき、商人は「わかりません」とは言いませんでした。「わかりません」などと言おうものなら「勉強不足だね」と非難されたそうです。「わからない」と言えたのは子どもだけでした。

現代の私たちは、「わからないことをわからないと言ってなぜ悪い！」と言いがちですが、そんな開き直った言い方は、子どもならともかく、ときには相手の人を不快な気分にさせてしまいます。もしわからなかったときには、「それ？　どうしてなんですか」と素直に教えを請うほうが、ずっと楽しいでしょう。ちなみに、江戸の大人たちはわからないとき、「お尋ねします」と言って質問をしたそうです。「ワカンナ〜イ」は子どもだけに許されたことば遣いなのです。

なぜ子どもだけに許されたかといいますと、次のような理由があります。

江戸の人たちは、江戸しぐさを身につけた人たちのランクを上品（じょうぼん）、中品（ちゅうぼん）、下品（げぼん）に分けていました。そして、すべての人間は下品から出発すると考え、「赤ちゃんは、仏様から上品に育てなさい、と丸裸（下品）で授かった――」と考えていました。そして、「お前も早く上品な人間になりなさいよ」と親がやさしく着物を着せたのでした。

人間の心のありようもこの上品、中品、下品に分けていました。「うまいものを食べたい」という心の働きは下品、「歌などをうたいたい」という心は中品、「人を助け、子どもたちに教えたい」という心を上品と言ったそうです。たとえば、子どもがものを食べながら歩くと中品、大人がそれをすると下品と言われました。ファッションになってしまったのか、近ごろは多いですね、こういう人。

人のしぐさは生まれてから死ぬまで、朝起きてから寝るまで、その人の態度として、体に表れます。ひとつひとつのしぐさとして切り離すことはできません。江戸町民のリーダーと言われる人たちは、上品を目指して常に心を高めあったそうです。

威張った話し方も自慢話もしないのが大人です

何度も言うようですが、江戸人たちの付き合いの基本のひとつに、人間互角という心構えがあります。自分の立場を利用して弱い人相手に威張ったり自慢したりすることは最低とみなされ、人格を疑われました。

ですから、気のおけない酒の席などであっても、同僚や後輩に忠告するつもりが自慢話になったりしないよう気を配りました。また、ちょっとした聞きかじりの知識をひけらかして、いかにも、よく知っているような言い方は大変に

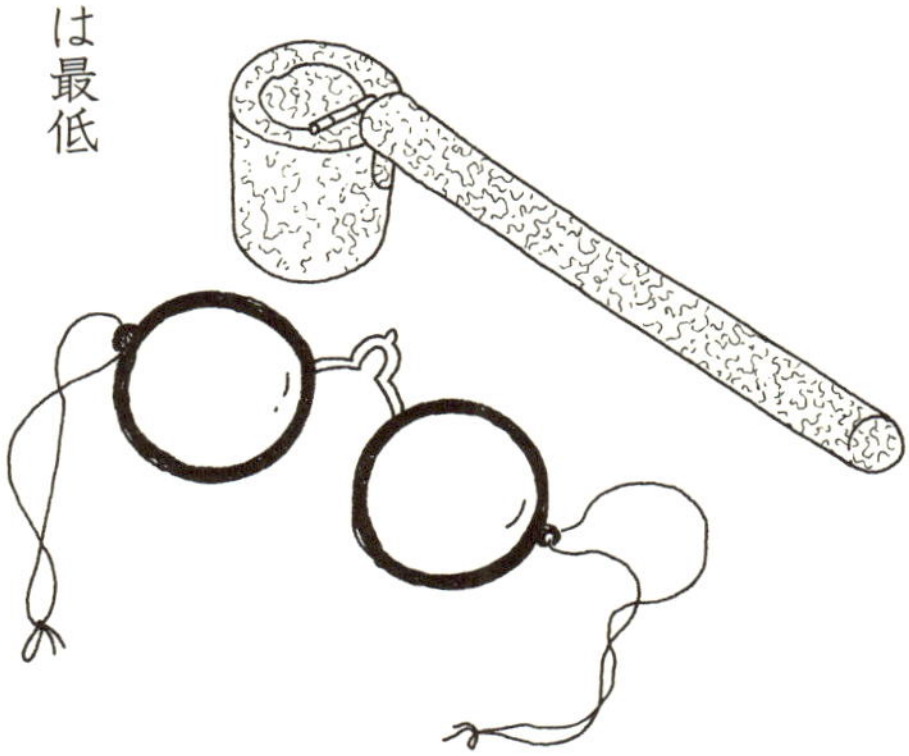

恥ずかしいこととしてつつしみました。当人は気持ちよく話しているつもりでも、かげで、(底の浅い人――)と、軽蔑されていることを忘れず、その道の専門家に意見を述べるようなことも差し控えました。

ただし、例外もありました。「半畳を入れる」ということです。半畳とはお芝居を見るときに敷いた座布団代わりの小さな畳のことです。役者が下手な芝居をしたときなど、野次を飛ばしたり冷やかす意味でこれを投げ入れたことから「半畳を入れる」ということばが生まれました。本来なら、人を非難したりからかったりすることははしたないのですが、江戸の人たちは、年上の人が年下の人の間違いを正す意味で冷やかしたりたしなめたりすることは、「半畳を入れる」といって許しました。この場合でも、「威張らない、自慢しない」という心は同じですね。権威をかさにきて、無理やり自分の言い分を押し付けることは野暮の骨頂と言われました。

対等の立場という考えは、商人同士だけではありません。店側と客側のお付き合いにもありました。たとえば、当時、各町内にいくつか銭湯がありましたが、同時に休業することはありませんでした。銭湯同士で話し合い、お客の都合を考えて休みをずらしました。消費者志向がすでに誕生していたのが江戸の町なのです。

金にまかせて出店し、客のことなどお構いなしに同業者同士のつぶし合いが当たり前の現代では考えられないことですね。

聞き上手がよいお付き合いのはじまりです。まわりをシラケさせる「水かけことば」はやめましょう

誰かが一生懸命話しているとき「それがどうしたの？」と周囲をシラケさせる人がいます。この「それがどうしたの？」を「水かけことば」と言います。盛り上がった雰囲気がいっぺんにしぼんでしまいます。やる気も失せてしまいます。よくいますね、こんな人！　このような話し方をする上司と会議をしなければならないときは、残念ながら、まずいい考えは浮かんでこないでしょう。人が話しているときは最後まで聞く、それが礼儀です。

江戸人と言われる人たちは聞き上手でした。「ほー、それで……」「うんうん、わかるよ、それ……」などと、身を乗りだし、ほほえみながら人の話を聞きました。江戸しぐさが「あいづちしぐさ」といわれる所以です。こうなると話すほうだって自然と熱が入ります。このような「聞き上手」な人を、江戸人たちはいきな人と言ったのです。

「袖すり合うも他生の縁」ということばがあります。知らない人と席を同じくしたり、ときには仕事で付き合わなければならないとき、江戸人たちは、こうやって知り合うのも前世からの縁と考え、どうすれば穏やかに気持ちよくお付き合いができるか気を使いました。

この社会は人間と人間のお付き合いがなければ何事もはじまりません。当たり前のことです。そのため、江戸人たちは、人間ということばを「ジンカン」と言い、お互いの間を「澄んだ関係」に保とうとしました。

ところが、現代はどうでしょう？　他人のことには無関心で、自分さえよければと冷淡です。人間関係を築くのが苦手です。こんな人は、江戸人たちに言わせれば、ゼッタイに大人とは言いませんでした。もちろん、こんな人ばかりでないことは言うまでもありませんが――。

「でも」「だって」「しかし」も厳禁です。人間関係を閉ざしてしまいます

相手と自分の間を閉ざしてしまうことば遣いを「戸締めことば」と言います。こんな言い方をされたほうは、目の前で、扉をぴしゃりと閉められたような気分になります。「でも、だって、しかし」などがそれにあたります。「水かけこ

とば」同様、ちょっと耳をそばだてれば、ひんぱんに私たちの耳にとびこんでくることばではないでしょうか。実行もしないうちからケチをつけるいやな性格の人が使いそうなことばです。

前にも言ったとおり、相手の気持ちを理解するには、まずは言うことを素直に聞く――これがポイントです。相手が話しているのをさえぎってしまえば、話も半分で終わってしまいます。何を考えているのかがわかりません。もし、自分に意見があるのなら、相手の話を最後まで聞いてから述べればいいのです。お互いに、何を考えているかわかり合えないまま話し合いをしても、うまくいきっこありません。こじれてしまうのが関の山ですね。

「でも」「だって」などのことばを話のはじめにもってくるような話し方をする人を、江戸人たちは心が狭い人と評価しました。深い意味はなく、口癖のように「でも～」とか「だってぇ～」とか「っていうか……」と言っている人を見かけますが、ぜひとも改めてほしいですね。

ソリの合わない人と付き合わなければならないことは、人生でいくらでもあります。よく話題になるのは、子ども時代で言えば担任教師、大人になってからでは上司でしょうか――。こんなとき、江戸人たちはどうしたかというと、相手の短所を十分に知った上で、長所を見ようとしました。どうでしょう、このほうが人生が楽しくなると思えませんか？　このように物事をプラス志向で対処することを、江戸では「陽にとらえる」と言いました。また、これを「ダメもと（ダメでもともと）」とも言いました。そして、たとえ失敗しても、めげないですぐに立ち直る精神を持っていました。腹が立つことがあっても、気持ちが落ち着くまで待って、争いごとにならないようにしたのです。これを江戸しぐさで「夜明けの行灯」と言います。「夜明けの行灯」とはあってもなくてもいい、という意味です。つまり、一晩たてばどうでもいいことだと思えてくるということです。江戸人は陽気な楽天家でした。

人の揚げ足をとる「あてこすり」は損をする野暮な言い方です

相手の気分を害するとげとげしい言い方やチクリチクリと嫌味を言うことを「あてこすり」と言います。いますね、こんな嫌味な人。誰かがひと言発言すると、待ってました！とばかりにマイナス情報を並べ立て、いかにも自分のほうがエライ、物知りだというような人です。こんな人が一人いると、他の人たちが自由な発言をすることができませんし、「水かけことば」同様、会議などで斬新なアイデアが出てきません。もう一度申しあげますが、江戸人の考え方の特長はプラス志向です。物事をなんでも「陽」にとらえ、わざわざ人の揚げ足をとるような野暮なことはしませんでした。

ちなみに、ほかのことにかこつけて嫌味を言う「あてこすり」を江戸人たちは「刺しことば」と言いました。チクリ、チクリと人の心を刺すからです。ぴったりの表現だと思いませんか――。

現代では、このチクリチクリが高じて、心の病気になる人が多いようですね。江戸人たちは周囲に心を病みそうな人がいれば「気の薬」をあげたそうです。気の薬とは、自分のためと見せかけて、実は相手のためになるような助言をし、安心させてあげるなどの心遣いのことです。これを「思いやりしぐさ」と言います。この「気の薬」の反対が「気の毒」です。チクリチクリという嫌味です。そして、口先だけで「お気の毒」と言い、何もしない人の行動を「見下ろししぐさ」といって軽蔑したそうです。前にも言ったとおり「仕草は思草」です。ことばは即ふるまいとなって表れると江戸人たちは考えていたのです。

乱暴な「手斧ことば」は言われたほうにも責任があります

手斧は「ちょうな」と読みます。荒削り用の大工道具のことです。そんなわけで、手斧の削り跡のような荒々しいことば遣いのことを「手斧ことば」と言いました。「おはようございますには、おはようございます」の項で述べたように、江戸人は、相手から荒々しいことばを使われたら、自分のほうにもそうされる非があるのではないかと、わが身を振り返りました。

荒々しいことばというと、時代劇などで使われている「てやんでぇ、べらぼうめ」などという威勢のいいことば遣いのことと勘違いする人がいますが、あれは職人のことばづかいです。荒々しいことばとは違います。念のため。

江戸しぐさとは商人しぐさです。そして商人のことば遣いです。「江戸しぐさは相づちしぐさ」といわれるとおり、買う人も売る人も満足するようなやりとりを交わすことば遣いでした。自然体で身構えることなく、打てば響くような気持ちのいいものだったそうです。

こうしたことばのやりとりの底に流れていたのは「謙虚さ」です。謙虚とは控え目でつつましいことです。素直に相手の意見などをまず受け入れること、へりくだることです。上辺だけを取りつくろう「おべっか」や「おべんちゃら」とは違います。わたしたちの周囲を見回してみると、謙虚な人ほど心の奥が深いように感じますが、いかがでしょうか。

江戸人は相手が知らない話を聞かせてくれたときは、「初耳です」と言って、身を乗りだして聞いたそうです。

文化文政のころの江戸は、花のお江戸と言われたように、世界でもトップレベルの文化が花開いた大都会でした。ことば遣いも風習も違う人たちが押し合いへし合い集まっていました。当然、トラブルも多発します。そうしたトラブルを防ぎ、みんなが安心して暮らせるようにとの心配りから工夫された繊細な生活技術のひとつ、それが「江戸しぐさ」でした。

「ありがとう」には「お互いさま」の心で対応しましょう

江戸人たちは、困っている人に手を貸してあげたとき、相手の人が「ありがとうございました」とお礼を言うと、「お互いさま」と返事を返しました。自分も同じようにに困ることにぶつかるかもしれないからです。そして、このことばと一緒に、ほほえみを浮かべて会釈を返したそうです。このほほえみはお追《つい》従《しょう》ではありません。（やらなければならないことをしただけですよ……）という満足のほほえみです。

幕末や明治のはじめに来日した欧米人は、江戸人たちのこうした〝ほほえみがえし〟がどんなに自然で美しかったかということを記録に残しています（『逝きし世の面影』渡辺京二著／平凡社刊による）。そろばん勘定なしの笑顔は相手をなごませずにはおきません。そのいちばんいい例が赤ちゃんの笑顔ではないでしょうか。

そろばん勘定とは計算づく――という意味です。某有名料理店がお客の食べ残しを別のお客に使いまわしていたそうですが、これなど、悪い例ですが典型的な計算づくです。

今から三十〜四十年ほど前の電車の中では、座っている人が目の前で立っている人の荷物を膝の上に預かってあげる光景がよく見られたものでした。でも今どき、「持ってあげましょうか」などと声をかけようものなら、さびしいけれど、うさんくさい目でにらみ返されてしまうこともある世の中になってしまいましたね。気軽に荷物を持ってあげるような共生の精神がみんなの心にあれば、今よりもっともっと暮らしやすくなると思うのですが——。

「肩ひき」「傘かしげ」「こぶし腰浮かせ」（ステップ2で紹介）などが江戸しぐさとして有名ですが、これらのしぐさも人間お互いさまの心、共生の精神から生まれてきた挨拶です。江戸しぐさがいちばん大切にしていたのは異文化との共生、つまり、外国づきあいと赤の他人との付き合いなのですから——。

見てわかることは言わない、読んでわかることは聞かない——これがいきなしぐさです

江戸しぐさでは、考えが即行動になると考えました。ですから、口先ばっかりで行動の伴わないことばは、心がこもっていない！と言って信用しませんでした。いわゆる、陽明学でいうところの「知行合一」です。

「知行合一」とは、知識と行為は本来同一であり、知って行なわないのは真に知ったことではなく、知と行は表裏一体であるという意味ですね。江戸しぐさを学んでいたわたしはこのことばに出会ったとき、（これだ、これだ！）という実感を持ったものでした。

江戸人たちは、おなかを抑えて苦しんでいる人に向かって「おなかが痛そうですね」とは言いませんし、重いものを運んでいてびっしょり汗をかいている人に「重そうですね」とも言いません。もし言ったとしても、そのあとに「医者を呼びましょうか」とか、「手伝いましょうか」とか、冷たいお絞りを差し出して「一休みしたら？」とか、相手の立場を察した一歩先の行動が伴いました。たとえば、会社の同僚が疲れた顔で営業から帰ってきたとき、あなたならどうしますか？

①「お疲れさま」と声をかける
②コーヒー（お茶）をいれてあげる
③（大変だったみたいだね）という表情で見ている

どれもが、黙って知らん顔しているよりずっといいですが、ベストは①＋②です。とは言っても、いつもいつもこうしなければというわけではありません。

やってあげられる余裕があるときにすればいいのです。（してあげたいけれど、いまは仕事中なので、また今度……）という気持ちで「お疲れさま」と言えば、思いは相手にきちんと届きます。今は、人は人、自分は自分で、知らん顔をしているよそよそしい人が多すぎますよ。

ですから、太っている人に向かって「太っていますね」などと言うのは、まるで子どもそのものです。そのデリカシーのなさにはぞっとします。病気で痩せてしまった人に向かって「痩せていますね」と言うのは残酷そのものです。世間知らずの最たるものですね。

世辞が言えて一人前の大人です。江戸では九歳の子どもでも言えました

世辞はスムーズな人間関係を築くために欠かせません。一人前の大人ならば誰もが身につけておかなければならない大切なものの言い方です。前にも言ったように、「三つ心、六つ躾、九つことば……」といって、江戸の大人たちは、子どもが九歳になるまでに世辞が言えるようにしつけました。

現代では世辞というと「おべんちゃら」のことと理解している人が多いようです。「おべんちゃら」とは、相手を喜ばせるため

のリップサービスのことです。媚びへつらうお追従と同じです。他人のごきげんをとって気に入られようとする卑しいことです。でも、世辞の本来の意味は違いますね。「おはようございます」と言ったあとに「今日はいいお天気ですね」などのことばを愛想よく続けることです。江戸人たちが身につけなければならないおつきあいの第一歩、それは世辞だったのです。

世辞と同じような役割をすることばに「気働き」があります。周囲の状況を判断し、すぐにその状況に応じて対処をすることです。たとえば、前にも言いましたが、お茶を出すときの置き場所、あとから来た人のためにちょっとドアを押さえてあげることなどがそうですね。職場でも、友だち同士でも、気働きのできる人は好感をもたれること請け合いです。

しかし、わたしたちの周囲を見渡すと、言われたことはやる、でも、それ以上は働かない。そばで他人が必死で働いているのを見ても、上司から言われるまで手助けしない。でも、本人に悪気はない――こんな「気働き」のない人が目立つような気がします。いや、むしろ、無関心というのかどうか、当たり前の気持ちでこういう態度をとっている人が多いように見受けられます。このような人を、江戸人は「かっぺい（いなかっぺい。井の中の蛙）」と言いました。指図されなければ動かないのですから「気の利かない人」と言われても仕方ありませんね。

江戸時代のなぞなぞで「恥はかけても絵にも字にもかけないものなあに？」というのがあります。今まで本書を読みすすめてきた人はもうわかりますよね。答えは「しぐさ」です。江戸人は挨拶や気働きが癖になって、「しぐさ」として自然に表現することができたのでした。

年齢、地位、職業で相手を差別するのはやめましょう

江戸の町衆たちは、初対面の相手の地位・職業・年齢を聞かないのがルールでした。これを「三脱の教え」と言います。観察力と気配りを駆使し、最初に交わす挨拶や目つきで、相手の思いや考え方を推し量り、人を見る目、人間洞察力を養ったそうです。

現代では、ビジネスや取材のときなどは、相手の地位・職業・年齢がわかったほうが話をしやすい――と思います。でも、それもケースバイケースではないでしょうか。地位や職業などの先入観があると、ついつい色眼鏡で眺めてしまいます。外見や地位に惑わされて失敗をしてしまったという話をよく聞きま

す。過小評価も過大評価のどちらも大いに気をつけなければいけないことですね。

しかし、同じ江戸時代でも、農村となるとまた話は違いました。年齢を聞くことはOKでした。農業は力仕事ですから、体力のあること、つまり年齢の若いことが大事なチェックポイントだったからです。そこが江戸の町とは違いました。江戸は商人の町ですから、体力よりも商品の目利きに必要な能力のほうが大事なチェックポイントです。そのため、年齢には無頓着な傾向がありました。こういった背景から「三脱の教え」というルールが生まれてきたのです。

会合などでも、はじめから人の名前を聞いてはいけませんでした。名前を覚えるには「芳名覚えのしぐさ」という方法がありました。まず第一回目に両隣り、二回目には正面の人とその両隣りといった順に名前を覚えていきました。いわゆる向こう三軒両隣りです。いつまでたっても人の名前が覚えられない人は、観察力の鈍い人と言われました。

先入観に振り回されて、差別的な振る舞いをしたり、相手をなめてかかったりするのは、野暮ではしたなく、あってはならない生き方でした。

「知っていますか？」はとんでもない無礼な言い方です

相手は自分よりもよくものを知っていると考えるのが江戸の基本的な礼儀です。「知っていますか？」と聞くのはとんでもない非常識で、このことばが許されるのはせいぜい七歳くらいまでの子どもまででした。

江戸は商人の町です。全国から集まってきた人と競争して勝ち抜いていくには自分の才覚だけが頼りです。子どものころから自分で考え、自分のことばで話し、判断することが体にしみついています。よほどのことがない限り「わかりません」という台詞は口にしませんでした。そうした自負をもって生きている江戸人たちに向かい「知っていますか?」が厳禁なのは当然のことでした。

江戸人たちは、「わかりません」ということばを口にしないために、普段から努力を重ねていました。他人の意見は素直に聞き、自分を磨き、意見や感想を述べてくれた人には素直にお礼を言いました。こうして、幼いときには見よう見まねだったしぐさが、年を追って体にしみこみ、やがて大人の仲間入りをすることができたのですね。

将来の男主(おとこあるじ)、女主(おんなあるじ)の卵を育てていた江戸寺子屋が「読み、書き、そろばん」に加え「見る、聞く、話す」、さらに「考える」に力をいれたのは、幼いうちから、しっかりと人を見分ける能力を育てるのが目的だからでした。学びで得た心の栄養こそ、人間の成熟を助ける知恵と考え、これを癖になるまで体にしみこませたのです。寺子屋の師匠は「人の心がわかる商人を目指してください」と子どもたちに厳しく接したそうです。

江戸人たちのしぐさに対する厳しさは「わかりません」ということばだけではありません。「うたかたしぐさ」一つを見てもわかります。「うたかたしぐさ」とは、たった一度で終わってしまうしぐさや、何をしても上の空のような人のふるまいを言います。こんなしぐさの人とは付き合わないのが大人の知恵と言われていたそうです。

「いただきます」のしぐさを習慣にしましょう

二〇〇四年にノーベル平和賞を受賞したケニアのワンガリー・マータイさんは、日本語の「もったいない」ということばを世界中に広めてくださっています。江戸では、このもったいないということばを、もったいないから大事にしようという意味で「もったい大事」と言っていました。

食事をいただくとき、「大江戸のおかげさまで、今日も一日、心と体にぬくもりの糧をいただけることをありがたく思い、よく噛みしめていただきます」と感謝して手を合わせるのが癖になっていました。けれども、他の宗教の人が同席しているかもしれない場所などでは、知られないように、そっと手を合わせたといいます。そして、自分と同じように人知れず手を合わせている人を見かけたら、食事が終わって外に出たときなど、その人が近くにいたら「江戸ゆかりの方とお見受けしました。お互いに江戸のために元気に働きましょう」と声をかけたそうです。

江戸人たちは子どもを育てるのに、教育ということばを使わず、「養育」「鍛育」という言い方をしました。教えるだけではいつまでも上下関係が続き、自立できないという理由からです。植物を育てるには、施肥や水やりなどの量やタイミングが悪いと、発育不足や根腐れを起こします。これと同様に、人の子どもを育てるにもタイミングがあることを江戸人たちはよく理解していたのですね。

江戸寺子屋では「読み、書き、そろばん」に加え「見る、聞く、話す、考える」に重点を置き、学ぶ内容は、実際に役立つ実学が中心でした。今のような知識にかたよった教え方ではなく、学びの九割は「しぐさ」、一割が文字を覚えるための教育で、いつ社会に出ても立派に独り立ちができるようにという全人教育でした。六歳まではまず古典や経典を与えて触らせて、大人のことばでドンドン話しかけ、子どもたちのボキャブラリーを増やし、国語力をつけたといいます。

「見習う」ということばは、江戸のしつけことばの名残りだそうです。子どもの世界は大人の鏡と言いますが、今、わたしたち大人は自分の姿を子どもに見よう見真似で手本にされる生き方をしているでしょうか？

食料自給率の低い日本で食べ物を粗末にしないためにも、草主人従（一七〇ページ参照）の面からも、江戸人の習慣だった「いただきます」のしぐさをもう一度見直してみませんか――。

うわさ話を実際よりも大げさに言うのは下品です

うわさ話に花が咲く、と言います。週刊誌の三面記事などでは、うわさの上にさらにいい加減な話が尾ひれのように積み重なり、実際にあった出来事とは全く別の話になって面白おかしく広がっていく、ということがよくありますね。うわさされる本人にとってはたまったものではありません。でも、人の口に戸は立てられないということばもありますし、他人の不幸は蜜の味とばかりに人々が罪のないうわさ話に興じるのは仕方がないことでしょう。

けれども、あることないことを、さも自分が見てきたことのように話すのは間違っています。品性を疑ってしまいます。見たこと聞いたことを誰かに伝えるときは、正確に伝えなければいけませんね。その上で、自分の感想を言えばいいのです。ところが、実際は、見たこと、聞いたこと、経験したことをきちんと分けて話さない人がかなりいます。

江戸人たちは、うわさ話を楽しむときにもそれなりのルールを守っていました。ことばは人間関係を円滑にする道具、口から出たことばは言の端ではなく、本人そのもの、行動とおなじ重みを持っていると考えたからですね。

ですから、たとえうわさ話をするにしても、うわさの的になっている人の発言以外のことばを付け加えたりすることはありませんでした。というよりタブーでした。そして、誤解が生まれないように、実際よりも大げさな言い方はしなかったのです。今でこそ、各家庭に水道が完備し、井戸も井戸端会議も見ることがなくなりましたが、江戸時代の、あけっぴろげで気のおけない長屋のオカミサンたちのおしゃべりにも、お互いが気持ちよく暮らしていくための常識がきっちり働いていたのですね。当時の長屋は、井戸やトイレも共同です。ほとんどの長屋が四畳半一間のワンルームで、料理をつくる土間（どま）が申しわけ程度にあるだけです。隣りとの境は壁一枚、お付き合いひとつにもお互いさまの思いやりと暮らしの知恵がなければ気持ちよく暮らすことは、さぞむずかしかったでしょう。

送りことば、迎えことばはより丁寧に使いましょう

目つきや表情、口のきき方、身のこなしには、その人の思っていることが正直に表れます。いわゆる、「目は口ほどにものを言う」ということですね。

江戸人たちは、わざわざ来店してくださったお客様を迎えるとき、見送るとき、今のわたしたちからすれば、えっ、そこまで！というくらい、ことばやしぐさで心からのお礼の気持ちを伝えたそうです。ちなみに、戦前、百貨店の松屋では、お客様の帰り際に「ありがとうございます」ではなく、「お礼申しあげます」と言わせたそうです。

江戸の商人たちは、こうした丁寧なしぐさやことばを、そうしなければ気がすまなくなるまで、つまり癖になるまで体にしみこませました。その場に間に合わせるだけの一時的な知識は、自分のものになっていないわけですから「付け焼刃」です。すぐに化けの皮がはがれてしまいます。江戸の大人たちは、子どもがそんな「付け焼刃の人」にならないようにと、幼いときから、手取り、足取り、口移しで暮らし方を教え込んだのです。家でも寄り合いの場所などでも、まずは、茶碗の洗い方、しまい方、箸の持ち方、畳の拭き方、雑巾の絞り方など、大人たちのしていることを見習わせて徐々に学ばせていきました。現代で言えばお母さんの家事のお手伝でしょう。今、子どもの将来を考えて、お手伝いをさせている人がどれくらいいるでしょうか？　疑問です。

前にも言いましたが、こうしたしぐさやことば遣いができなければ、江戸では「井蛙（せいあ）っぺい」と言われました。「井蛙っぺい」とは、井の中の蛙のこと、つまり世間知らずという意味です。

文字の読み書きができないことよりも、きちんとお客様を送り迎えできないことのほうが重く見られていたのですね。車で帰るお客様を見送るとき、走り出したらすぐにくるりと背中を向けてしまう人がいますが、ここは、車が見えなくなるまで見送るべきでしょう。また、ちょっと帰りかけて振り返り、名残り惜しさを表現しましょう。これらのしぐさを「あとひきしぐさ」と言います。

「そんな偉い方とは知らず失礼しました」ほど失礼な言い方はありません

日々の暮らしの中で、不愉快な目に会うことはよくありますね。乱暴なことばで、押しのけられたりすることもあります。それに対し、ついかっとして、さらに乱暴なことばで答えてしまうことも……。

江戸人たちは、「殴る、蹴る、殺す」などの精神的に圧迫することばを口にしませんでした。「人間の尊厳」を汚すものだからです。相手が乱暴な話し方をすると、自分の話し方が悪いから

ではないかと、まず反省しました。みんなで気持ちよく暮らそうという熱意であふれた町――それが江戸でした。

江戸後期の戯作者・式亭三馬の滑稽本『浮世風呂』には、次のようなシーンが描かれています。寒い季節、銭湯に入るとき「冷物（ひえもの）でござい」と挨拶してから入ったそうです。冷たいからだが相手に触れていやな思いをさせないようにという気遣いからです。

また、講のひとつに「姉様人形講」がありました。講とはある目的のために集まったグループです。その「姉様人形講」の人形には顔が描かれていませんでした。理由は、容貌のいい悪いにかかわらず、それぞれの個性（ソフト）を活かして暮らしを楽しみましょうという意味があったからです。江戸は女性の能力を、生まれつきの美しさだけでは評価しません。後天的に身につけた「客さばきがうまい、相づちが上手、色気がある」などで判断をしました。「太っている、痩せている」などの評価は論外でした。

江戸でいちばん失礼なことばは「そんなに偉い方とは知らず、失礼をいたしました」です。このことばの裏を返せば、偉くない人には失礼してもいいのか……ということになります。

名刺を持たずにお付き合いをしていた江戸の人たちは、あとで、相手が身分のある人だとわかっても「そのような偉い方とは知らず失礼しました」とは言いません。というより言う必要はありませんでした。それは、どの人にも誠意のある応対をしていたからですね。

実際に体験したことと聞いた話は違います。「です」と「ようです」を使い分けましょう

自分が体験したことは「です、でした」と言い、人から聞いたことや、調べてわかったことは「ようです、ようでした」と使い分けたのが江戸人たちです。人の意見をちゃっかり横取りし自分の意見のように言う人がいます。これは本当に恥ずかしいことです。いますね、こういう人。卑怯なふるまいです。「少々」「ごろ」よりも問題のあることば遣いです。有名人や芸能人の他愛のない話ならば、笑い話で済んでしまうでしょうが、仕事がらみの報告書などの場合は、大きな不利益や裁判沙汰に結びつくことだってあります。是非慎重に使い分けたいものですね。

人の話を横取りするような話し方は、目立ちたがり屋の人に多いようです。江戸人は、そんな人は、「講釈師、見てきたような嘘を言い」と軽蔑しました。講釈師とは今でいう講談家のことです。講談家が、さも、今見てきたことのように言うのはビジネスですから当然ですが、そうでない人が、ようです、と言わなければならないところを、です、と話すと、はしたないことをする人だと相手にしませんでした。他人の情報や知識を、いかにも自分のもののようにふるまって平気な人は、まず信用できない人と考えたほうがいいでしょう。アナログの江戸時代からデジタルの現代に変わっても、すべてのおつきあいの基本は誠実さです。きちんとした話し方は相手に好印象をもたれます。また、あの人と話がしてみたい、もう一度、この店に来ようかな、と思われます。

この本も「ようです」「そうでした」で書くのが本筋ですが、筆者の立場は利き書きであることをお伝えした上で、わかりやすい言い回しに変えてあることをお断りしておきます。

そしり、妬みは周囲を暗くします。まとまる話もまとまりません

相手が成功したことを素直に喜ばず、ヤキモチを焼いたりすることや、けちをつけることは「根性が曲がっている」と疎《うと》まれました。「根性」とは本来は仏教用語で、その人がもって生まれた性質という意味ですね。しかし、現在、少し意味が変わってきたようです。

そのきっかけになったのは、東京オリンピック（一九六四年）の女子バレーボールチームの練習ぶりでした。日本代表チーム（いわゆる『東洋の魔女』）

を率いて、金メダルに輝いた指導者・大松博文さんの「根性論」発言がきっかけと言われています。この場合の根性とは次のような意味にあたります。利益を得るためには努力するしかない。そして、その努力を続けるために必要なのは根性である、というものです。

確かに、そういう考え方もできるでしょう。でも、江戸人たちは、根性とは上記に述べたように、もって生まれた性質と考えていました。出世のためならばなりふりかまわず、ライバルの出世を妬みそしる根性の持ち主は人として恥ずかしいことと蔑みました。（がんばっているのになぜ報われないの？）と、ライバルをねたんだりするのは大人ではないと言われたものでした。

人間は互角の付き合いが基本です。ニコニコ笑いながら人の悪口を言う人はいません。そしりやねたみを言っているとき、その人の目はきっと、周囲の雰囲気が暗くなるような醜い「陰り目」になっているに違いありません。江戸人たちは就職や結婚などの決断をするとき、相手のしぐさを見て決めたそうですが、ビジネスの話し合いのときなど、この「陰り目」をしていたら、まとまる話もまとまらないでしょう。

ものごとを「陽」にとらえ、はじめての客にも十年の知己に会ったような「お愛想目つき」で迎えた江戸人に比べ、今の商人たちにはそれが見られません。マニュアル的な対応でどことなく冷たく感じられるのはわたしだけでしょうか。

話しっぷりはその人のブランドです

江戸人たちは身振り手振りを含めて、ことばを使う面白さを大切にしてきました。落語でよく聞くような、「隣りの空き地に囲いができたよ」「へぇー」といった駄洒落などを日常茶飯事に楽しんでいたそうです。たとえば町内ごとに駄洒落を書いた地口(駄洒落のこと)行灯を掲げ、競い合ったりもしたようです。そして、体にしみついた洒落の楽しみ方や、話しっぷりの面白さを見て、その人の教養や人柄を判断したそうです。

江戸人たちはなにごとも明るい方向にとらえて生活することを信条にしていました。もうこれしかないと、まだ、これだけあるじゃないかの違いといったらいいのでしょうか。明るい方向の考え方とは、まだ、これだけあると考えることですね。このほうが、よしっと元気が出るとは思いませんか？　ポジティブシンキングでいきたいですね。

また、いくら話しっぷりがいいといっても、起きてから寝るまでのべつ話していているわけではありません。話していないときのしぐさも大切です。商人ならば、買いに来てくれたお客様への「お愛想目つき」、品物をあいにく切らしているときの「おあいにく目つき」がこれにあたります。何度も言うようですが「目は口ほどにものを言う」とはこのことです。

江戸の商人たちは、目でも相手の心に語りかけたのでした。

私の師である故・芝三光氏はマナーと癖の違いを次のように言っていました。

――マナーというのは知っているのにやらないときがあるけれど、癖はやらずにいられないこと、人が見ていようがいまいがそうしてしまうこと。

師の言うとおりです。しぐさは、人の見ていないところで表れてこそ本物です。よいしぐさはその人の「ブランド」です。どんな趣味を持っているか、どの程度の教養があるかもわかります。江戸人は、ひそひそ声で話したりすることや、相手によって見下げるような話し方をすることはしたないふるまいと嫌いました。

また、自分を偉そうに見せようとする尊大な態度も嫌われました。助けてやろうというような見下した態度は、たとえ親切であっても「おせっかいしぐさ」と言われました。ときには「見て見ぬふり」をすることが自尊心を傷つけない大人の知恵と言われました。自力で何とかしようとがんばる人を、そっと陰から見守ってあげることも、大切な江戸しぐさのひとつだったのです。

「お時間いただけますか……」とひと言断りましょう

江戸人たちは、どんなに親しい人、たとえば結婚した娘の家の近くを通っても、いきなり訪ねることはしませんでした。約束を取り付けてから行ったそうです。これを「訪問しぐさ」と言います。突然訪ねて行って、相手が仕事の最中だった場合、手を休ませることになるからですね。

そして、不意にたずねることを「不意打ちしぐさ」、相手の時間をこちらの都合で奪ってしまうことを「時泥棒」と言いました。泥棒というきつい言い方をしたのは、前にも述べたとおり、借りたお金はあとでも返せますが、過ぎ去った時間はもう二度と取り戻すことができないと考えていたからです。これを弁済不能の十両の罪と言いました。

いきなりセールスの電話がかかってきて、こちらの話も聞かず、営業の話をはじめられた経験はたいていの人があることでしょう。これなど、まさに典型的な「時泥棒」です。ぶしつけな、不意打ち電話を受け取るたびに、なぜ、「今、よろしいでしょうか」とひと言断る「訪問しぐさ」を教える人が身近にいないのかと残念でなりません。

また江戸人は、自分と同等、あるいは自分より上の人でなければ紹介はしませんでした。トラブルが起きたら、それは、紹介した人がその人柄を見抜けなかったことになるからです。簡単に紹介して、信用を失ったりする話はよく聞きます。厳しいようですが、それは、あなたが人を見抜けなかったことでもあるのですから——。

「おかげさまで……」と感謝の気持ちをきちんと伝えましょう

紹介してくれた人を飛び越して相手と付き合ってはいけません。事前に必ず了解を求め、仕事がうまくいったら「おかげさまで……」と、紹介してくれた人に感謝のことばを伝えなければいけません。今も江戸時代も変わらないビジネスマナーの基本ですし、人として絶対にないがしろにしてはいけないしぐさですね。しかし、どうでしょう。生き馬の目を抜くとでもいうのでしょうか。今、わたしたちの周囲を見回してみると、事情はどうも少し違うようですね。

仕事がうまくいったのはすべて自分の力によるものと勘違いしている世間知らずの人が多いようです。紹介してくれた人に対し、お礼を言わないのはもちろん、「どう、わたしってすごいでしょ！」みたいな、見下ろす態度をする人さえいますね。情けないことです。江戸人たちから見れば、こういう人は、人の風上にもおけない卑しい根性の持ち主です。自分さえよければ、人はどうなってもいいという考え方は、江戸では許されませんでした。

世間知らずとは、言い方を変えればまだ大人になっていない人ということですね。体はもう立派な大人なのに、じゃあどこが？　となれば、大人になっていないところは心ということになります。「お心肥やし」を忘れているのです。自分のものだと大切にするのに、他人のものは乱暴に扱って平気な人がいますが、このような人に対し、江戸人は「そんなことをしてご先祖様が泣きませんかねぇ」と言うのではないでしょうか。

［念入れコラム］1

江戸しぐさは商人しぐさ

江戸しぐさは町方のリーダーであった商人たちが、町が平和で商売が繁盛するように工夫を重ね磨き上げてきたお付き合いの知恵です。ここからわかることは、ビジネスは「よい人付き合い」から生まれるということですね。繁盛はその結果ということです。今でも立派に通じる知恵です。

江戸しぐさが多くの人に知られるにつれ、テーブルマナーみたいなものと同じという誤解も生じています。確かに、「肩ひき」や「傘かしげ」はマナーと言えばマナーですが、大切なことは、その背後にある心です。それを忘れてはいけません。

本書を読まれた方はお気づきでしょうが、江戸しぐさの基本にあるのは「互助共生」の心です。たとえば、各商店の取り扱い品の種類や数を調整して共倒れにならないようにしたり、湯屋（銭湯）の休業日を調整して、町内のどこかで必ず一軒は営業をしているようにしたりなど、お客様に不便をかけないことを第一義に考えました。自分のところだけ儲かればいいや、楽ができればいいや、などという考えは、江戸人にとって、お互いさまの心を忘れた卑しい態度だったのです。

［念入れコラム］

2 餅は餅屋

このことばは、辞書では「餅は餅屋のついたものがいちばんうまい。その道のことは、やはり専門家が一番であるというたとえ。餅屋は餅屋ともいう」と説明されています。ほかの似たような諺に、「馬は馬方」「刀は刀屋」「蛇の道は蛇」「船は船頭に任せよ」などがあります。

江戸しぐさではこの意味をさらに発展させて、中途半端な知識しか持ち合わせてないのに、さも知っているように専門家に対して口を挟んだりすることを「口から出まかせ」と言い、そんな人の言うことは信用しませんでした。そして、たとえ自分がよく知っていることでも、他人のパートに属するものを、自分がえらそうに言ってはいけないと戒めました。

わからないことは専門家に任せたほうが間違いないし、スムーズに進むのは当然です。もし、知っている話をされたときには「聞いたことがあります」と言えば、話している人は、（あぁ、そうか、知っているのか、この話……）と、細かい説明を省いて、要点だけを話すようにしたそうです。この臨機応変が江戸しぐさなのです。

［念入れコラム］3

商家の繁盛は女次第

江戸では「女は人のはじまり」ということばがありました。女性は子どもを産み、育てる役割を担っているとされ、主婦の座は、わたしたちが想像する以上に強かったようです。さらに、主婦の座だけでなく、旅籠《はたご》や料亭はたいてい女性が女将として、つまり責任者としてとりしきり、店が繁盛するのもしないのもその人の手腕次第と言われました。また「農家は男次第、商家は女次第」とも言いました。力仕事が多い農業では男が重宝され、ロクの利いた目配りや人付き合いが大切な商家では、女性の手腕がものを言ったということですね。

もう死語になった？ことばに「男は度胸、女は愛嬌」がありますが、女性の気持ちのいい世辞やお愛想は、それだけお客様をつかまえる効果があったということでしょう。

今で言えば、セールスの仕事に女性の力がもっともっと発揮されてもいいのではないでしょうか。ちなみに「嫁は江戸では愛嬌、地方では年齢」ということばもあります。意味は、言わずもがなでしょう。

［ステップ2］

●お付き合いから
ビジネスまでのしぐさ

しぐさ次第で
話しことばのレベルが上がる

江戸しぐさの数は八百あるいは八千とも言われ、ここではとても紹介しきれませんが、「肩ひき」「傘かしげ」「こぶし腰浮かせ」などと同様に、是非、皆さんに身につけていただきたいのが「あいづちしぐさ」と「あとひきしぐさ」です。「あいづちしぐさ」は話をするときの心構えです。「あとひきしぐさ」とは、その話を終えたあと、相手に（ああ、今日は楽しい話だったな。また、あの人と話がしたいな）と思わせる話しっぷりですね。言ってみれば、「あいづちしぐさ」と「あとひきしぐさ」はワンセットになった「江戸しぐさ」です。せっかく相手の話を熱心に聞き、相手も十分に話を聞いてもらって満足した気分でいるのに、別れ際で、無神経な扱いをされれば、（あれっ、いままではなんだったの?）となってしまいます。

逆に、いい加減な様子で話を聞いていたのに、帰るときになると、マナーの本に書かれた見本のようなやけにバカ丁寧な扱いをされても、なんだかからかわれたような気持ちになるのが関の山です。このどちらでも、（もう一度この人に会いたいな！）と思わせるのは無理です。たとえ、もう一度会うことがあっても、義理や仕事がらみのお仕着せになってしまうことでしょう。

まず、この「あいづちしぐさ」と「あとひきしぐさ」の二つを、話し方の基本しぐさとして、癖になるまで体にしみこませてください。「肩ひき」「傘かしげ」などを、初級江戸しぐさとすれば、「あいづちしぐさ」や「あとひきしぐさ」は上級江戸しぐさといってもいいでしょう。この二つのしぐさには「仕草は思草」（ステップ3でくわしく解説）という江戸しぐさの真髄がつまっているからです。

ここでは、ステップ1でもお話ししたしぐさも改めて解説してあります。それぞれのしぐさを要約してありますので、江戸しぐさのセンスを改めて感じ取ってください。

・お付き合いしぐさ・

◉会釈の眼差し

会釈の眼差しとは、知り合いだからとか、知らない人だからといったことに関係なく、すれ違うときにお互いさりげなく目で挨拶を交わすことですね。小さくうなずくようにしながら和やかに目線を交わし合いましょう。

◉束の間付き合い

江戸は川の多い町でした。乗合船を利用することも多かったそうです。船では、目的地に着くまで見知らぬ人と乗り合わせます。そのわずかな時間を、和やかに挨拶を交わし、差しさわりのない花の便りやお天気などの話で過ごしたといいます。「袖すりあうも他生の縁」と「一期一会」のお付き合いを楽しんだのです。これを「束の間付き合い」と言います。

◉銭湯付き合い

「束の間付き合い」より一歩進んだしぐさです。文字どおり裸の付き合いのことを言います。銭湯では武士も刀をはずし、日ごろの暮らし向きの話や連れ合いの料理自慢に花を咲かせました。たとえば「大根」の話で花が咲いたときなど、よい席にいる男の女房の大根を使った料理がうまそうでないと、その場から引きずりおろされたそうです。もちろん遊びですけれどね。

◉おつとめしぐさ

習慣になったしぐさのことです。たとえば、毎朝、お寺の鐘をつくのが仕事で、それをしなくては一日がはじまらないといったように、長年の積み重ねで、それをしなければ気がすまない損得抜きのしぐさを言います。義務ではなく自発的に行なうことです。評価されようとされまいと、鐘つきを続けるしぐさは人として立派なことですね。

◉あとひきしぐさ

落花生のことをあとひき豆といいます。おいしいのでもう一度食べたいという意味ですね。つまり、「あとひきしぐさ」とは、もう一度会ってみたいという気持ちを起こさせるしぐさのことです。せっかくの出会いが本物になるかならないかは、このしぐさ次第です。話が終わったとたん、電話を切るなどのしぐさは失礼です。相手が切ってから静かに切るようにしましょう。繰り返しますが、別れて数歩行ってから振り返る心残りのしぐさもいきなものです。これも「あとひきしぐさ」のひとつです。

◉おめみえしぐさ

人にはじめて会うとき、ありのままの自分を見てもらうように心がけることをいいます。交渉ごとはなにごともはじめが肝心です。ボタンのかけ違いが後々大きな失敗につながります。自分の実力が正確に伝わるように背伸びしない控えめな態度が好感をもたれます。

◉さしのべしぐさ

困った人を助けてあげることです。ただし、その場合でも、相手の自立心や立場を理解して手を貸してあげなければいけません。助けてやるぞといった態度で手を貸すのは「見下ろししぐさ」になるし「おせっかい」と言われました。相手のプライドを傷つけない配慮が大切です。

◉この際しぐさ

この際だから、よろしく協力してくださいというときのしぐさです。江戸人たちはバナナが好きでした。皮をむき包丁で切ったものを皿に並べ、箸でつまんで食べました。実をかじるのはサルやねずみのすることで人のすることではないと考えていたからです。しかし、水害や火災のときは、そうした丸かじりをする食べ方も、この際だからと許されたそうです。

◉女、男しぐさ

女性はつつましく、男は思慮深いしぐさをしなければいけないという江戸しぐさです。「女はつつましく……」というと、女性からいきなり「古〜い!」という声が上がるのが目に見えるようです。

江戸小町と言われた女性たちは、ただ器量がいいだけではありませんでした。小町というと、かわいくてきれいな女性と考えがちですが、そんな単純なモノサシではなかったのです。江戸人は、日ごろから「お心肥やし」を忘れずに自分を磨き、どんな人とも話が合わせられる教養をもった自立した女性のことを小町と言ったのです。世辞ひとつ、気配りひとつもできない女性は、どんなにきれいでも小町とは言いませんでした。

もうひとつ、江戸に生きた男と女のかかわりを表すしぐさをあげておきましょう。それは江戸人たちが寄り合いなどで集まったときのふるまいです。男性は早く来ても、上がり框から一尺ほど離れたところに履物を脱いで座敷に上がったそうです。その理由は、男性でしたら足を広げてまたげるけれども、女性は裾が乱れてあられもないしぐさになってしまうという気遣いからです。

江戸の町では、「女は人のはじまりのこと」と言われ、女性は今のわたしたちが想像する以上に大切にされていたようです。決して、男尊女卑の精神で凝り固まった封建社会ではなかったのです。

◉じだらくしぐさ

「じだらくしぐさ」は漢字で書けば「自堕落しぐさ」となります。だらしがないだけでなく怠け者のしぐさという意味です。現代で言えば、人前で、ズボンのベルトやファスナーを直したりすることでしょう。その昔、海外旅行がブームになったとき、海外のホテルの廊下をステテコ姿で歩いた中高年男性が非難の的になったニュースを思い出します。

しかし、近ごろは、様変わりしました。「じだらくしぐさ」は男性の専売特許ではなくなりましたね。駅のホームで小間物屋を広げている若い女性を目にすることがよくあります。小間物屋を広げるとは食べたものを吐くという意味です。また、電車の中で、乗客が少ないのをいいことに、椅子に横になって入口側の手すりに足を乗せている若い女性の酔っ払いを見たときはさすがにびっくりしました。電車の中で、眉毛を描いたりまつ毛をカールさせたりなど、人目を気にせずお化粧をするのも、さしずめ「じだらくしぐさ」と言えるのではないでしょうか。

◉ふとどきしぐさとわがままぐさ

自己中心の行動をとって平然としている人は嫌われます。当然ですね。江戸も現代も変わりません。先輩が後輩に向かい、「人間は大勢の人に助けられているから今がある」などとお説教をするとき、反面教師のふるまいとしてこのしぐさがたとえ話として引用されたそうです。

◉ムクドリしぐさとクラゲしぐさ

ムクドリは群れをなして飛んで来て餌をついばみ、食べつくすと、また群れをなしてどこか別の場所へ飛び去っていきます。これを人間にたとえれば、集団で江戸に押しかけ、稼ぐだけ稼いで引き揚げる自分勝手な人たちということになります。この言い方が拡大解釈され、相手の言うことに耳を傾けようとせず自分の言いたいことをしゃべりまくるだけの人のことをムクドリといい、江戸人たちは、こんな人がいると雰囲気がとげとげしくなると嫌いました。

一方、クラゲしぐさとは、わっと押し寄せてきて、海の水が引くようにすっといなくなってしまう人のことを言います。選挙事務所などでこんな人をよく見かけます。おなじクラゲでも、海母と書かず水月と書く場合は、わっと押し寄せてきたかと思うと、チクリといやなことを言って帰る人のことを指したそうです。いますね、こんな人！　ムクドリしぐさの人もくらげしぐさの人も信用されませんでした。

◉駕籠止めしぐさ

地方から江戸に出てきた人は、ひと財産をつくり、駕籠に乗るのが夢でした。今で言えば、運転手付きの高級車を手に入れるといったところでしょうか。しかし、そういう立場になっても思い上がってはいけないということですね。これを駕籠止めしぐさと言いました。いかにもお金を持っていることを見せつけるようにふんぞりかえり、自宅の前から駕籠に乗り、訪ねる相手の家の前まで乗りつけるのは、人としてはしたない行為と言われました。

◉喫煙しぐさ

喫煙者はますます肩身が狭くなっているご時勢のようですね。団地のベランダに出てタバコを吸うお父さんたちを、ホタル族などと呼ぶせつない流行語も

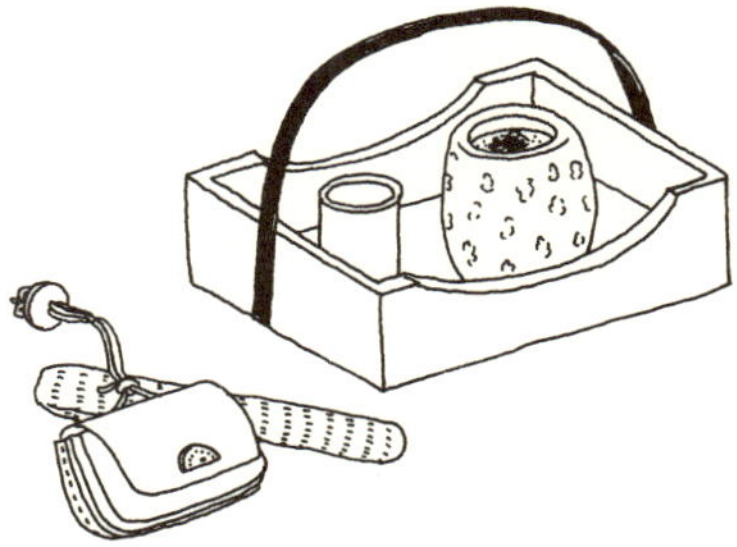

生まれました。嫌煙権ということばも十二分に浸透しました。タバコについて江戸時代はどうだったかというと、ことさらな「禁煙」ということばは見当たりませんでした。相手が吸わなかったら吸いませんし、灰皿の置いてない場所は吸ってはいけない場所という共通の認識がありました。ですから、食べ物屋などで、他のお客の迷惑顔に気づかずタバコを吸っていると、「根付をいただいてよろしいでしょうか」と店の人が言いに来たそうです。根付とは煙草入れを持ち歩くときの止め具のことです。つまり、店にいる間、（煙草入れをお預かりしますよ）と言いに来たのです。レストランでの分煙や禁煙など、江戸の人たちにとっては（いまさら何言っているの？）ではないでしょうか。

・往来しぐさ・

◉肩ひき、傘かしげ

道路を歩いていて人とすれ違うとき、お互いに右肩を後ろに引いて、対面する形ですれ違うことを「肩ひき」と言います。「傘かしげ」とは、雨の日や雪の日に互いの体を濡らさないように、さした傘を外側に傾けてすれちがうことです。どちらも、譲り合いと思いやりの心が基本になっているしぐさです。わたしの知り合いの住職は、子どものころ母親から「雨の日に狭い道で人とすれ違うとき、お互いに傘をハの字にしなさい」と言われたそうです。

◉こぶし腰浮かせ

混んだバスや電車の中などで実行したいゆずり合いしぐさです。先に座っていた数人の人が、あとから来た人のために、こぶし一個分の高さに腰を浮かして少しずつすっと移動し、空席を作ってあげることを言います。電車の中などで、自分の脇に買い物バッグを置いて二人分の席を占領している人を見かけることがありますが、これなど言語道断です。疲れているときは誰でも座りたいものです。優先席だからゆずる、一般席だからゆずらないではなく、お互いさまの心を忘れなければもっと気持ちのいい車内になるでしょう。そもそもお年寄りや体の不自由な人のための優先席や女性専用車輌のあることのほうが恥ずかしいことではないでしょうか。

◉七三歩き

江戸人たちは、道路の幅の七分目は公道、三分目は自分が歩く道と考えていました。飛脚（ひきゃく）とか戸板で運ばれる急病人など、急ぎの用事のある人の邪魔をしないように気を配っていたのです。現代の道路は危険がいっぱいです。自転車と歩行者の事故が目立っています。七三歩きの心を忘れないようにしたいものです。

ちなみに飛脚とは今でいう宅配人のこと、戸板とは雨戸として用いられた板のことです。最近、都会では雨戸もほとんど見なくなりましたね。

◉蟹歩き

狭い道ですれ違うとき、蟹のように横歩きしてすれ違うことを言います。江戸しぐさのよさを知っていた教師がいた戦前の小学校では、雨の日など体育館で、子どもたちにこの蟹歩きを教えていたところもあったそうです。

◉片目出し

屋内から道路へ出るときの用心しぐさです。いきなりとびだして、人様や大八車などとぶつからないようにと、まず半分だけ顔をつきだし、次に、右左と様子をうかがい、通りがかりの人がいたら「通りゃんせ」と通してから歩きだしました。車が多い現代こそ、もっと見直されていいしぐさではないでしょうか。ちなみに、江戸では、十字路では広いほうの道路が優先です。どちらとも言えないときは先に来たほうが優先というルールがあったそうです。

◉韋駄天しぐさ

江戸の町では、猛スピードで走ることは禁じられていました。人にぶつかったりすると事故になるからです。転ばぬ先の杖と言ったらいいのでしょうか。用心しぐさのひとつです。韋駄天《いだてん》とは非常の足の速い神様のことです。韋駄天走りの語源ですね。仏舎利（釈迦の遺骨）を奪って逃げた鬼を追いかけ、たちまちのうちに追いつき、取り返したという伝説があります。

◉無悲鳴しぐさ

暗い夜道などで思いがけないことにぶつかると、たいていの人が、びっくりして悲鳴をあげてしまいます。その悲鳴が原因で思いがけない事故につながってしまうこともあります。そうなったら大変です。このため、江戸人たちは、びっくりしたことに出会っても、やたらに大声をあげたりせず、まずは冷静に対処しなければならないと戒め合いました。とは言っても、現代は物騒です。街灯の少ない夜道の一人歩きで痴漢や強盗に襲われたら、そんなことは言っていられないのはもちろんです。

◉仁王立ちしぐさ

人の前で仁王立ちになって立ちふさがることを言います。現代なら、電車の入り口で、大きなバッグをかついだまま、降りる人乗る人にかまわず動こうとしない人のことを言います。駅で「降りる方のために入り口をあけてください」「降りる方は前の方にお声をかけて……」などのアナウンスを聞くことがありますが、江戸しぐさではいずれも当然のふるまいです。現代では、江戸では当たり前だったお互いさまの心が忘れられてしまったのでしょうか？

◉通せんぼしぐさ

これも、人の通行の邪魔をすることです。後ろから来る人のことを気にせず、道路で数人が横になって道をふさいで歩いていることを言います。友だち同士で楽しい話に熱中しているのはともかく、後ろの人に気がつかないのは野暮です。こんな歩き方をしていると、江戸時代ならば「背中にも目をつけろ!」と叱られたと言います。通行の邪魔といえば、混んだ道でいきなり立ち止まるのも困ったものです。後ろから来た人がぶつかりそうになります。自分がどう動けばどうなる、という先を見る目が働かなくなっているのでしょうか。

◉横切りしぐさ

人の前を横切ることです。急いでいるとき、つい、人の前を横切ってしまうことがあります。でも、歩いていた人はあわてて止まらざるを得ません。その結果、転んでしまえば事故につながります。急いでいても、さっと左右を見渡して、目の前の人が通り過ぎてからすっと通過すれば、迷惑をかけることはありません。ちなみに、江戸時代、大名行列の前を横切っていいのは、唯一、出産に駆けつけるお産婆さんだけだったそうですよ。

◉お愛想目つき、おあいにく目つき

目は心の窓と言います。目を見れば、その人が自分に好意的かどうかがだいたいわかります。だからこそ、江戸の商人は買い物に来たお客様をことばだけでなく感謝の心をこめたお愛想目つきでお迎えしました。一方、おあいにく目つきとは、せっかく来てくださったのに目指していた商品がなくて帰るお客様に対し「ご用意していなくてすみません」というお詫びの心を目つきにこめてお見送りすることです。心のこもった眼差しで迎えられ、見送られたお客様は、（また来よう……）という気持ちになるのではないでしょうか。

◉念入れしぐさ、用心しぐさ

お客様の忘れ物はないか、在庫は適正か、火の始末は、戸締りはなど、念には念を入れて注意を怠らないことを念入れしぐさと言います。用心しぐさとは、悪い人の餌食にされないために、服装や持ち物が派手でちぐはぐだったりすることや、落ち着きのない態度で盛り場などをうろうろ歩かないことなどを言います。この点、今も江戸時代も変わりがありませんね。

◉へりくだりしぐさ

江戸の人たちは知ったかぶりをしないのが礼儀でした。常に相手に敬意を払い、自分はへりくだり、丁寧なことば遣いで相手を立てました。相手によって態度を変えること、たとえばおとなしい人、弱そうな人だと急にふんぞり返るなどの態度をとる人は、はしたない人という烙印を押されて相手にされなかったそうです。

◉いき合いしぐさ

集団が大きくなればなるほどいきを合わせることが大切になります。いきが合えば大きなエネルギーになります。合わなければ、会社の仕事の目標も遊びも中途半端で終わってしまうでしょう。祭りで「わっしょい、わっしょい」と声を出すのは、いきを合わせるための代表的なしぐさです。いきとは意気が合う、息が合うのいきです。「あの人は粋だね」のいきでもあります。

◉のんきしぐさ

問題が生じたら、すぐに答えが出たほうがいいに違いありません。でも、物事には、どうしても、時間をかけなければ答えの出てこないときもあります。たとえば子育てがその典型的な例でしょう。「果報は寝て待て」ということばがありますが、のんびりと機が熟するのを待つこともときには必要です。「のんびり」と言うと、だらだらとルーズに時間を費やしていると受け取る方もいるでしょう。しかし、この「のんきしぐさ」はそうではありません。たとえ今はうまくいってなくても、そのうち必ず……と、ものごとを陽にとらえてあせらない考え方を表しています。

◉ねぎらいしぐさ

学校から帰ってきた子どもや、会社から帰ってきた夫や妻に、「お帰りなさい」「おつかれさま」と声をかけるのがねぎらいしぐさです。相手の身になって、ご苦労様の気持ちをこめてことばをかけることです。夏の夕方などは、隣り近所でいっせいに打ち水をして、お互いがその日をねぎらうと同時に明日に備えることばを交わしたそうです。よく働きよく遊び、ストレスをためない――これが江戸人たちの暮らし方でした。

◉「腕組みしぐさ」と「足組みしぐさ」

しぐさを見れば、敬意を払っているかどうかだいたいわかるものです。腕組みをしている人は、なんとなく人を寄せつけない気配が漂っています。口をへの字に結んでいると威張っているようにも見えますし、ちょっと頭を傾けてでもいると、考えごとをしているように見えます。お店の人がこうした態度だと、何かを買おうと店に入ってきたのに、お客様は聞きたいことも聞きにくいし、打ち解けようがありません。江戸人たちは、商人が腕を組むのは衰運の印ときつく戒めたそうです。よい店とは、すっと入ってすっと出てこられるお店のことを言いました。

また、人と会っているとき、足を組むのも失礼と考えました。当時は着物ですから、前がはだける格好は、見た目もよくなかったからです。アメリカのライス国務長官がすらりとした足をさっとスマートに組んでいるじゃないか、と屁理屈を言ってはいけません。お客様を迎えるしぐさとしては、日本では不適当ではないでしょうか。しぐさにはお客様を迎える心配りが表れていることを忘れないでください。

◉うたかたしぐさ

うたかたは漢字で書けば「泡沫」となります。ほうまつとも読みます。はかなく消えやすいものという意味です。選挙のとき、泡沫候補などという言い方で使われます。江戸のお付き合いは何代も続くことを前提にしていましたから、その場限りの調子のいい上の空のしぐさは頼りない行為と信用されませんでした。

◉頭越しじぐさと目立ちたがり屋

ステップ1でもお話しましたが、最近はマナーの悪い人が多く、紹介者を通り越して頭越しにつきあっても挨拶ひとつしない人が多く見られます。「おかげさま……」の連絡ひとつでももらえば、紹介した人は（よし、この次も誰かいい人を紹介してあげよう……）となりますが、知らん顔をしている人には、もう二度と紹介したくないと思うのが人情です。仕事がうまくいったら、まずは一本の電話でお礼——これは常識です。

また、目立ちたがり屋は、自分ひとりだけ注目を浴びようとするしぐさをする人のことです。言うまでもありませんね。みんなで力を合わせてやった仕事の手柄を独り占めにするような人はもちろん、派手に世間に触れ回るような人も嫌われました。きっかけをつくってくださった紹介者への感謝は忘れてはいけません。

◉陰り目しぐさ

陰気な目の表情のことを「陰り目」と言います。明るく陽気な「お愛想目つき」「おあいにく目つき」の反対です。人付き合いで大切なことは人々を不愉快な気分にさせないことです。ものごとを「陽」にとらえる江戸人にとって暗い目つきはタブーでした。会議のときなど、笑顔の人が一人も見当たらないと、発言する勇気もわいてこないし、気持ちも沈んでしまいますね。

◉うかつしぐさ

騙されて品物を買ってしまったとき、これをうかつしぐさと言います。江戸人はこんなとき、お店に文句を言ったりはしませんでした。逆に、売り手の口車に乗った自分のうかつを恥じました。自己責任として反省したのです。でも、不誠実なお店の噂は次第に知れ渡り、結局、お客が行かなくなったそうです。

◉見越しのしぐさ

この項目のタイトルを見て、どんなしぐさと見当をつけたでしょうか。相手を見下ろすとか、先回りして相手のすることをしてあげるとか、と見当をつけたでしょうか。正解は先を読むことです。アンテナを張って世の中のこれから起こることを予測することです。江戸の商人たちは、最低でも、次のお盆までの見通しを立てなければ、商人の資格がないと言われたそうです。尊異論でもお話しましたが、百人番頭と言われる番頭さんが、小僧さんの意見を取り入れるのも、見越しのしぐさのひとつです。事故や失敗を未然に防ぐための「予防医学的な処方箋」でもあったのです。

◉六感しぐさ

見る、聴く、匂いを嗅ぐ、味わう、触れるの五つの感覚以外の、何かを直感的に感じる心の働きを六感と言います。江戸では、この六感が働かないと生きていけないと言われ、知識だけでなく感覚の働きを研ぎ澄ますことを心がけていました。自分で考え、行動するには、瞬間的に総合的な判断を下す能力、つまり六感がポイントと言われ、その六感の働きが優れている人のことを「ロクが利く人」と言いました。ロクとは六感のことです。「鼻が利く人」「気が利く人」なども、「ロクが利く人」と言われました。そして、ここが大切なことなのですが、六感は研ぎ澄まされた五感の働きが元になければ出てこないセンスなのです

商人は仕入れをするときにも品質選びをするときにも、このロクを利かせて商売をしました。たとえば、夏など、横丁のご隠居が暑さで倒れたなどと聞くと、すぐに氷を仕入れて、商売につなげたそうです。今では、温度が何度上がれば、ビールの売れ行きが伸びるなどのデータがありますが、当時はそんなものはありません。暑さに敏感なお年寄りがセンサーでいち早くロクを利かせて、先を見越して商品の仕入れにつなげたのでした。

◉結界わきまえ

結界おぼえとも言います。自分の立場と相手の立場や位置づけを正しくわきまえることですね。結界とは区域をわける目印のことです。自分の力量を知り、相手の力量や立場をきちんと判断し、その上で、互角のお付き合いをしましょうということです。

自分の専門外のことを中途半端な知識だけで、いかにも知っているように話す人は、「講釈師、見てきたようなウソを言い」といって、恥知らずなふるまいとして非難されました。「餅は餅屋」という諺のとおり、江戸人たちは専門家を立てたのです。つまり、自分の専門外のことは、その道の人から教えてもらうほうが、仕事も能率よく運ぶと考えていたのです。専門のことを訊かれて知らないのは恥ですが、専門外のことを訊かれても知らないのは恥とは言わなかったそうです。

◉あいづちしぐさ

「江戸しぐさ」は「あいづちしぐさ」とも言われました。話す人の目を見て、ほほえんだり、うなずいたり、今どきふうに言えば、ジャムセッションとでもいったような雰囲気で、打てば響くようにやり取りをしたそうです。

たまたま自分の知っていることを話しはじめたときなどは「そのようですね」と受けると、相手は話の内容をすかさず要点だけに切り替え、臨機応変に話を進めていったと言います。「江戸しぐさ」が「商人しぐさ」「繁盛しぐさ」といわれる所以がここにあります。相手が一生懸命に話しているのに、相づちのひとつも打たず、聞いているのか聞いていないのかわからないようでは相手に失礼です。また反対にこちらが話しかけても無表情だったりすると、話す意欲もなえてしまいます。「あいづちしぐさ」は江戸商人だけでなく私たち現代人にも大切な素養ではないでしょうか。

［念入れコラム］4

魚屋しぐさ

魚屋さんにとって魚を切り分ける包丁は大切な商売道具です。しかし、この包丁、使い方を間違えると凶器になります。江戸では、子どもに教えるとき、見よう見まねで覚えなさいと言っていましたから、その手前、魚屋さんは子どもたちが見ているところでは包丁を使わないようにしました。子どもがそれを真似して、怪我でもしたら大変という心配りからです。

最近、父が猟銃を扱っているのを見ていた子どもが、その猟銃をいたずらして暴発させ、死んでしまった事故がありました。これなど、その父親が魚屋しぐさを実行していれば、防げた事故だったのではないでしょうか。

子どもの世界は大人の鏡です。「手斧ことば」を使われたら、その原因は自分にあると思え（六一ページ参照）というのが江戸しぐさですから、刃物の使い方だけでなく、ものの言い方、お付き合いの仕方も含め、子どもたちが勘違いをしないよう、用心することが必要なのではないでしょうか。近ごろ、増えている低年齢者の犯罪やいじめがなぜ起こるのか、大人はもう一度考えてみる必要がありそうですね。

［念入れコラム］5

美しい女性の条件は「ゆかしさ」

江戸時代の美女の条件は、もって生まれた容姿プラス自分の努力で身につけた「おくゆかしい雰囲気」でした。「ゆかしい」の意味は、（その人をもっと見たい、知りたいと）心が惹かれる——ということですね。簡単なゆかしさのコツを挙げておきましょう。それはたとえ美人だからといって、しゃしゃり出ないことです。目立つことは避けることです。自然に振る舞うことです。ちょっと一歩引いて、相手を尊重するのです。こうしたしぐさが、ますます魅力的に見せるのです。

ことばやしぐさに自然と「ゆかしさ」がにじむ人は、江戸に限らず現代でも魅力にあふれた人です。ちなみに、私の師・故芝三光は江戸で美人といわれる女性の声をアルトと言っています。といっても、地声がアルトということではありません。どんなことがあってもヒステリックになったり逆上したりしないで、落ち着いた声で応対できる、そういう声のことです。江戸三美人の一人と言われた谷中笠森稲荷の茶屋「鍵屋」の娘お仙がそうだったようで、そういう声の女性と結婚すると商売が繁盛するというジンクスもあったそうです。

［ステップ3］

◉自分を磨くしぐさ

ことばとしぐさは「心映え」から生まれる

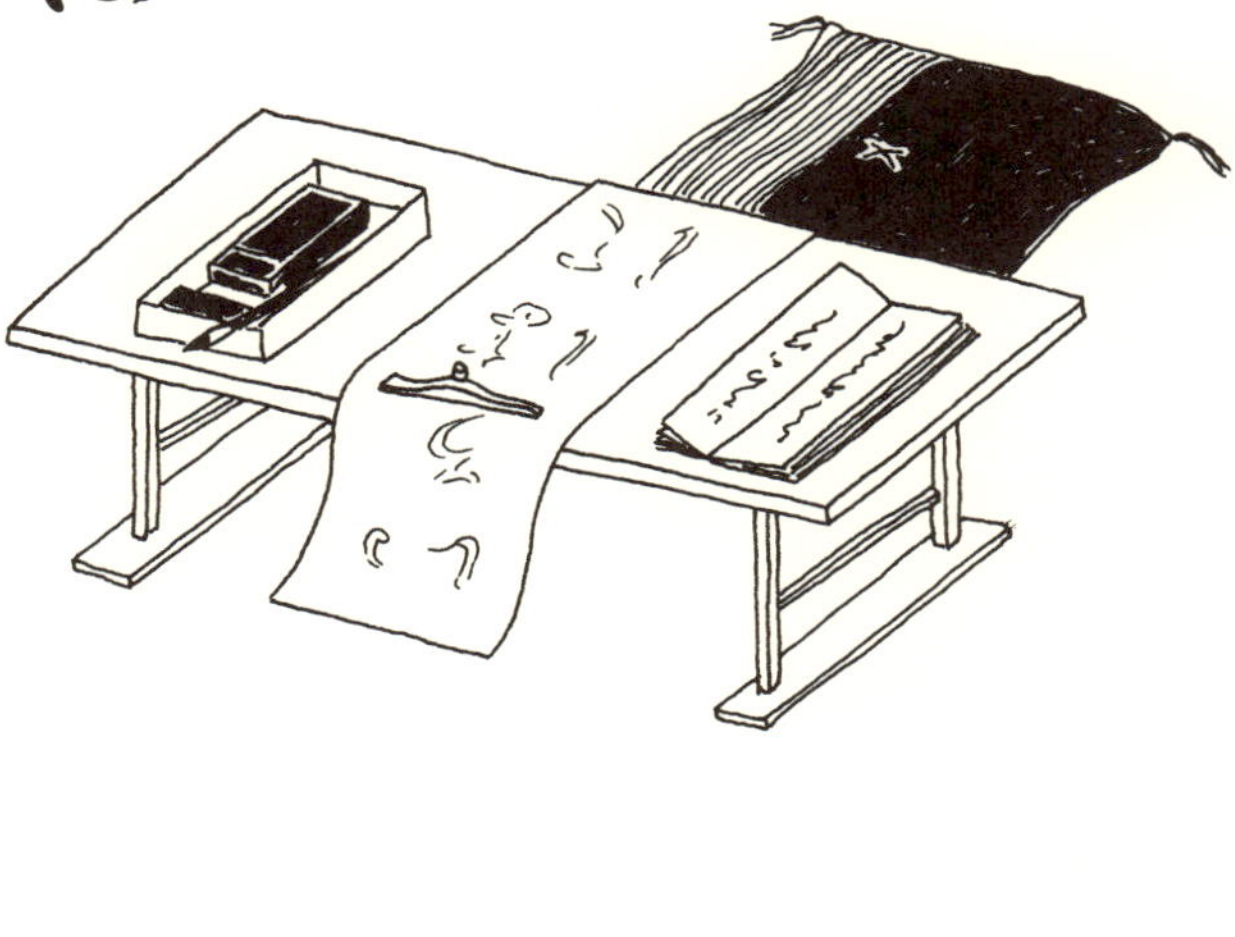

〃映える〃の意味を辞書でひくと〃光を映して美しく輝くこと〃と書かれています。同時に、勢いを得て、目立つこと、立派に見えることという意味もあります。これは、単にキレイというのではなく、ひときわ存在感・生命力があるということでしょう。

この〃映える〃を使った言い方で、化粧映えということばがあります。これは、化粧が命に映えてキラキラすること、そして、派手とは違う力強さを生むこと、とある美容研究家が言っています。さらに続けて、その方は「化粧映えしない人の化粧は塗った分だけ清潔感を失うけれど、化粧映えする人の化粧はいくら塗っても派手にならない」とも言っています。なるほど納得です。つまり、「心映え」とは、体の内側からわいてくる魅力なのでしょう。デビュー当時はさほど目立たなかった女優さんが、あれよあれよという間に、どんどんキレイになっていくのを見ていると、化粧映えと心映えが一緒になって彼女を美しくしている、としみじみ実感するのはわたしだけではな

いと思います。

日本には「茶道」「華道」「柔道」「剣道」「弓道」など、昔からの武道や習いごとがあります。これらはいずれも型が重視されます。「茶道」とは、ただお茶をいれて飲んでいるのではなく、客を招き、お茶を点《た》て、飲んでいただくまでの〝もてなししぐさ〟が完成できて合格です。歌舞伎も型の伝承と言われます。つまり、しぐさが癖になるまで体にしみこませて型が完成するわけです。

江戸しぐさは「しぐさ道」ではありませんが、これらの伝統文化と同じです。相手を尊重する、いつも自分を磨く、お客様を喜ばせる、「一期一会」の心でお付き合いを大切にする――、といったしぐさを、そうせずにはいられない癖にまでして完成です。

日本人がどこかに置き忘れてきてしまったこの日本のよさ、大切な心をもう一度とりもどすことができれば、仕事もご近所付き合いも、はるかにゆとりが生まれ、異文化との共生も夢でなくなると思います。

「お心肥やし」で心の知能指数をアップしましょう

江戸しぐさを支える基本的な考え方です。心を豊かにして人格を磨くことが大切という意味です。心を豊かにするとは、本を読んで知識を身につけるだけでなく、そうして得た知識を体を使って経験すること、実践することと教えています。これを実学と言います。世の中で実際に役立つ知識のことです。江戸人たちの間では、口先ばかりの頭でっかちな人は敬遠されました。せっかく身につけた知識も役に立たなければなんの意味もないからです。今どきふうに言えば、ＩＱ（知能指数）よりＥＱ（心の知能指数）ということでしょうか。

　ＥＱとは人間関係を築くための力です。社会的知性とも言われますね。他人の気持ちや自分の感情を把握する能力を表すことばです。江戸寺子屋では、男主（おとこあるじ）、女主（おんなあるじ）の卵を育てていましたから、必要最小限の「読み、書き、そろばん」に加え、「見る、聞く、話す」に重点を置いて子どもたちを育てました。「読み、書き、そろばん」を中心にして教えた各地の寺子屋とは大きな違いがあったようです。

　こんな例があります。たとえば子どもが字を書くとき、視力の落ちてきた老人や目の悪い人を相手にするときは、必ず大きな字で書くようにさせました。また、女性のための習字教本として「女江戸方角（おみな・えと・ほうかく）」といって、江戸の町名や橋、屋敷の名前などが書いてある絵地図を使い、地理の学習と習字の勉強の両方がいっぺんに身につくような授業を行なっていたそうです。地方から出てきた女の子でも、この本があれば江戸中駆け回ってお使いができたと言われています。

ここでひとつお断りしておきますが、実学と言っても単なる実利とは違います。実利と言うと、損か得かと考えがちですが、日常茶飯のふるまいから、火事や水害などの事故にあったときのふるまいまで、広い範囲におよぶ知識を指します。将来、リーダーとなるための知識全般です。こうした江戸しぐさがきちんとこなせれば、人間関係がうまくいき、商売が間違いなく繁盛すると言われました。

ところで、江戸人たちは、人間は脳と体と心の三つからできていると考えていたそうです。そして、脳と体はマリオネットのように糸の操り方でどうにでもなると考え、この糸が心のようなものだと教えていました。問題はどうやってその糸を張っていくかです。できるだけしっかりと緻密に張らなければなりません。一日に一本として、子どもが三歳になるまでには千本の糸が張れるように心がけました。ところが、この大事な糸が、片親だけだと五百本しか張れないから気をつけなさいと戒め合ったそうです。そんなとき、江戸人たちはどうしたかというと、隣り近所が助け合って、女手がなければ女手、男手がなければ男手を差し伸べて、子どもの面倒を見たそうです。素晴らしいコミュニティですね。

ものごとを陽にとらえましょう

ものごとを楽観的にとらえることです。いや、プラス思考と言い換えておきましょう。どんな人にもいいところと悪いところがあります。長所ばかりの人、あるいは短所ばかりの人はこの世にいません。江戸人たちは、悪いところは知ったうえで、その人のいいところ、明るいところを見るように努めました。よく言われることですが、自分の財布を見て「もう千円しか残っていない」ではなく「まだ、千円残っている!」と考えました。また、たとえ失敗しても「よし、じゃ、次こそ!」と(ダメもと)という気持ちで楽天的に考え、すぐに立ち直る潔さも持っていました。

世の中にはさまざまな人がいます。なかなか鋭い批判精神の持ち主だと思っていると、実は悪いところしか見ず、なんでもかんでもケチをつけて批判する人だったりして、がっかりさせられることがよくあります。プラス思考でないこのような人を、江戸人は付き合いを知らない野暮な人と敬遠しました。

ものごとを悲観的にとらえる癖があると、自然に陰気な目つきになってしまいます。たとえばお店の人が陰気な目つきをしていたら、買う気も失せてしまいませんか？　これでは商人として失格です。買い手にとって見れば、陰気な人より、明るく応対してくれる人から買いたいのが人情です。江戸人たちにとってよい店とは、買う買わないにかかわらず、ことばのやり取りをそれなりに楽しめる店が好きなのです。

また、江戸の商人はのんびりしたところもありました。商売は時間がたたなければ結果が出ません。これと決めて一歩踏み出したらあせらず、薄利多売でじっくりと成果を待つこと――これを「のんきしぐさ」と言いました。

三つ心、六つ躾、九つことば、十二文、理十五で末決まる

江戸寺子屋では、子どもの育て方について年齢に応じたカリキュラムがありました。それを「三つ心、六つ躾《しつけ》、九つことば、文《ふみ》十二、理《ことわり》十五で末決まる」と言いました。たとえば、「さようでございます」「お暑うございます」などの大人のことば遣い（世辞のこと）は九歳までにきちんと言えるようにしたそうです。

こうした育て方を、江戸の先人たちはどこから学んだかというと、犬から学んだと言われています。近ごろはペットブームです。犬を飼っている方も多いでしょう。ご存知のように、犬は生まれてから三ヵ月くらいのうちにきちんと

しつけをしないと、飼い主の言うことをなかなか素直にきかなくなります。つまり幼いうちからのしつけが大切ということは犬も人間も同じということで、上記のような年齢に応じた育て方を工夫したそうです。

大事なことなので繰り返しますが、具体的に言えば次のようになります。「人は世辞が言えたら一人前」と言われた江戸ですから、まず、ことばのトレーニングからスタートしました。意味がわかってもわからなくても、六歳までに古典や教典に親しませ、九歳になるまで大人のことばでドンドン会話をしかけ、ボキャブラリーを増やします。この時期が大事です。次に、十二歳までに両親の代筆ができることです。商人の子ですから、納品書、請求書、曲がりなりにも苦情処理の書類も書けるようにしました。そして、十五歳までには、これから大人の仲間入りをする必要知識として、当時の最新の自然科学をマスターしたそうです。

当時の寺子屋は、商家の親たちが子どもたちのためにお金を出し合ってつくったものでした。どんな身分の人でも入れました。「将来性のある者はその長所を活かし、出来損ないはその短所を矯正し、海の者とも山の者ともわからない人間からは、その者のよい目を引き出してやるべし」という信条で子どもたちを育てました。寺子屋へ入る条件としては、「いろはにほへと」の七文字だけは書けるようにしておくことでした。

子どもたちに接する先生方の年齢や性別にも心配りがなされていました。四十歳以上の熟練した師匠と若手という組み合わせ、男性だけでなく女性もいました。人を導くのに、教え方に偏りがあってはいけないと、バランスが考慮されていたのですね。このあたりの心遣いは、今の小学校ではどう考えられているのでしょうか。さらに言えば、職場ではどんなふうに活かされているのでしょうか。

困った人を助けてあげる「さしのべしぐさ（一一〇ページ）」も子育てにとって大切なポイントでした。江戸の人たちは子どもが片手（五歳のこと）になったら転んでも手を貸さなかったそうです。自立しようという子どもの心を応援していたからです。そして、子どもたちはわからないことがあると、寺子屋の師匠や周りの年長者たちに積極的に質問したそうです。

老人が転んだので手を貸そうとしたら、「今、俺様は下から世間を眺めているんだい」と言い返されたという江戸人らしい負け惜しみの話もあります。何でもかんでも手を貸せばいいというのではなく、状況に応じた手助けをすること、これが江戸しぐさのセンスなのです。

「三脱の教え」で、将来を正しく判断できる力を養いましょう

人間を見る目、洞察力を養うのは大変です。初対面の人に会うときなど、まず、相手の情報を得てからということを考えてしまいがちです。ＩＴ時代の今はとくにそういう傾向があります。しかし、データという先入観で判断しようとすると、本質を見誤ってしまうことがあります。

江戸の人たちはそんなときどうしたかというと、次のように行動しました。初対面の人には年齢、地位、職業を聞かないという「三脱の教え」に従い、しぐさで判断したのです。もう一度繰り返しますが、「しぐさ」とは、目つきや表情、話し方や身のこなし方で自分の心を表現することです。結婚相手を選ぶとき、

就職先を選ぶとき、友だちとしてこれからお付き合いをはじめるとき、身分の上下にこだわることなく互角のお付き合いができる人かどうか、話し方が明るく生き生きしている人かどうかなど、自分の感性と経験で判断したのです。
このやり方は今でも十二分に通用します。引越し先ではじめて会った人、ビジネスではじめて会う人の印象は、やっぱり、しぐさで判断するしかないからです。

人はささいなことがきっかけで、今までの関係が崩れ去ってしまうことがあります。お付き合いのむずかしさがここにあります。したがって、慎重に付き合わなければならないという意味で「八度の契り（やたびのちぎり）」ということばもありました。名前を名乗りあうにしても、八回以上は付き合ってから、はじめて名乗りあうくらいの慎重さが必要と戒めたのです。江戸人たちの暮らしのセンスには、いまさらながら感心します。まったく素晴らしい心の糸の張り方です。慎重といえば、お客様が忘れ物をしていないか、戸締りはきちんとしたかなどの「用心しぐさ」が思い浮かびますが、この「八度の契り」はお付き合いの用心しぐさと言えるでしょう。

前にも言いましたが、一事を見ればすべてのことがわかるという「一事が万事」という考え方も、江戸式の厳しい人間評価法です。世の中の出来事は、たくさんの人の力が石垣のように積み重なってできています。一人が手を抜けば、その石垣もたちまち崩れてしまいます。そのため、この人は信用できる人かそうでないか、付き合っていい人かどうか、一瞬のうちに見極める目をいつも養っていたそうです。

「案ずるより産むが易し」で、きびきびと実行しましょう

きびきびとは、動作や話しっぷりなどが、元気よくはっきりしていることです。この言葉はステップ1にも出てきました。覚えているでしょうか？　つまり、「案ずるより産むが易し」は、ぐずぐずと御託を並べる前に、まずやってみなさいということです。そして、やりながら考えなさいということですね。やってみればいいところも悪いところもわかります。改善点も見えてきます。体で覚えることを前提とした心構えです。さらに言えば今が大事ということでしょうか——。江戸人は思っていることが動きになり、動いていることは、思っていることをしていることと考えたのです。

「打てば響く」ということばもあります。太鼓や鐘は叩けばすぐに音が出ます。こうした反応の素早さにたとえて、きびきびとした動きで物事を処理していくことを、打てば響くと言いました。気配り、手配りの速さは江戸人たちの自慢だったそうです。

相手を立てる江戸式敬語の心で話しましょう

思いやりを忘れず、

江戸人たちは相手に対して一歩へりくだった話し方をしました。これを江戸式の敬語表現と言います。しかし、この場合の敬語は先輩への尊敬語ではなく、同輩同士がお互いを立てあう話しことばでした。このへりくだる言い方に、複数形の使い方がありました。たとえば、自分のことを「てまえども」などと表現したのですね。

社会人になったばかりで、尊敬語がうまく使えないと悩んでいる人が多いようですが、まずは、丁寧さが自然に伝わるように話すことを心がけることです。そうすれば不快感を与えることはありません。これは尊敬語か、謙譲語か、丁寧語かなどと理屈っぽく考えると混乱してしまうのは当たり前のことです。江戸式敬語の謙虚な話し方が身につくと、相手への思いやりを忘れないスッキリした会話が身につくことでしょう。

ときには「見て見ぬふり」のできる人が大人です

江戸寺子屋では、「読み、書き、そろばん」のうえに「見る、聞く、話す」に力を入れて教えました。これも前に話しましたね。「見て見ぬふり」は、その「見る、聞く、話す」の応用編です。相手のしぐさを見て判断するということは、そのあと自分がどう対応すればいいのかということですが、その対応のひとつに「見て見ぬふり」というしぐさがあったのです。

「三つ心……」の項目でもお話しましたが、たとえば転んだ子どもが泣きながらでも一人で起き上がろうとしているとき、新入社員が何とか一人で工夫して仕事をこなそうとしているときなど、あえて、見ないふりをするということです。これは放任ではありません。切羽つまった状態になったらすぐに手を貸してあげられるような準備をして、陰で見守ってあげることです。これが一人前の大人のしぐさと言われました。知り合いのおでかけ先を聞かないのも、見て見ないふりと同じ心です。

逆に、見るということで言えば、人が見ているところだけで、いかにも江戸しぐさが身についているようなふるまいをしてもそれはにせものです。人の見ていないところでも表れてこそ本物です。そうなることで、見知らぬ人とすれちがうとき、美しい身のこなしを感じさせることができるのです。

また、「見舞いしぐさ」といって、責任者が所用で店にいないとき、その店のご主人に代わって、お店で留守番をしている人へ差し入れをしたり励ましたりもしたそうです。これを陣中見舞いと言います。このふるまいこそ、人の見ていないところでも「思いやりの心」を忘れない、江戸の商人たちのリーダーと言われる人のしぐさです。

現代は、自分のことばかり考え、見えていても見えない人、つまり、人の迷惑に気がつかない人が多過ぎるのではないでしょうか。

この世に要らない人間はいません

江戸人たちは、その人が能力を発揮できないからといって、すぐにダメのレッテルを張ってしまうことはありませんでした。ここがダメならば、あちらではどうかと、その人のいいところを見つけて、活かせる場所を探したそうです。効率本位で白か黒かのレッテルを張らないと気がすまない現代人とは大分違いますね。たとえば、落語には、少々生活能力に問題のある与太郎さんの出てくる話がいくつもありますが、大家さん、叔父さんと言われる人たちが、なんやかんやと仕事の世話をしています。簡単に失格の烙印を押してしまうのではなく、適材適所で人を活かす努力をした江戸人たちの優しい心情が感じられます。

江戸人は、お互いに大勢の人のお世話で生きているということを、いつも忘れませんでした。ですから、他人はどうなっても自分さえよければいいという自分中心の考え方をもっとも嫌いました。お互いが助け合って、いたわりあって共に生き、共倒れしないようにと考え出された人間関係のセンス、それが「江戸しぐさ」なのです。改めて申しあげますが、センスとは感覚、感受性のことです。ものごとの微妙な味わいを感じ取る能力とも言えるでしょう。

各世代が互いに元気で生活できるようにと、年代に応じた暮らししぐさもありました。たとえば、十五歳のころは駆けるように歩き、二十歳のころは早足で、三十歳のころは左右を見ながら注意深く、四十歳になった人が若いつもりで足早に歩くと、腰を痛めるとたしなめられたそうです。そして、六十歳を超えたら、「おのれは気息奄々《えんえん》、息絶え絶えのありさまでも他人を勇気づけよ」と、慈しみとユーモアの精神を忘れないように心がけていたそうです。これを「年代しぐさ」と言います。

定年は迎えたけれど、まだまだ元気な団塊世代の方々に「気息奄々……」はないですが、江戸人たちのはつらつとした生き方は参考になるのではないでしょうか。

敗者におくる「粋なはからい」で心豊かに暮らしましょう

江戸人たちは、場所が終わると負けた力士を招いて宴会を開き、落ち込んでいる力士が「よしっ、次の場所はがんばるぞ！」という気持ちになるように士気を鼓舞したそうです。失敗や負け戦は、向上のステップと考えていたからです。どんな人でも失敗します。一生懸命やったにもかかわらず、負けてしまうことだってあります。意気消沈しているときの、このような思いやりの心を「粋なはからい」と言いました。

不始末をしでかした人に対しても、頭ごなしに怒ることはありませんでした。

じっくりと、失敗の原因を聞き、二度と同じ間違いを起こさないように諭しました。ただし、これには条件があります。仏の顔は三度までということです。また繰り返すことがあれば、あっさりとこれまでの縁を切るきびしい側面も持ち合わせていたそうです。勝ち負けにこだわれば、どうしてもなりふりかまわずということになってしまいます。イヤなたとえですが、「水に落ちた犬は竿でつつけ」みたいな状況も生まれてしまうでしょう。これでは救いがありません。江戸人たちは「お互いさまの心」でできるかぎり助け合いました。

身寄りのないお年寄りが亡くなったときなども、この「粋なはからい」がすぐに実行されたそうです。通夜の晩、死んだお年寄りを知っている人たちが集まって、故人を偲ぶのは当然ですが、盆や暮にも集まって、供養をかねて故人を偲ぶ会を開きました。現代のように、死んでから何日もわからなかったということは、まず考えられませんでした。

有名芸能人が亡くなったとき、葬式に多くの人が集まっている様子がTVで中継されたりします。でも、どれだけの人が江戸人たちのように故人を「偲んで」いるでしょうか。TVに顔を出したいさもしい芸人根性だけの人もいるように見えて仕方がありません。

「尊異論」でユニークな意見にも着目しましょう

江戸の大店の番頭と言えば今で言う課長以上の役職にあたるでしょう。百人番頭ということばがありますが、これは一人で百人の人を使いこなせるほどの力を持った人というほめことばです。こうした有能な番頭さんは、小僧たちの意見をよく聞きました。十人の小僧さんがいて一人だけ違う意見を言ったとしても、その意見がいいと思えば採用し、仕入れにも反映させたと言います。多数決だけでは決めないのです。これを「尊異論」と言います。そして、これがリーダーの条件でした。自分と違う意見を発言すると血相を変えて怒る上司は、リーダー失格です。はじめて会った人、見知らぬ人とはなかなか話をせず、意見が食い違ったりするととたんに関係がギクシャクしてしまう内弁慶の人がいますが、このような人のことを、江戸人たちは一人前の大人とは言いませんでした。

「人の気持ちも十当たり」。ケースバイケースで対応しましょう

人にはそれぞれ個性があり、いろいろな立場があるということですね。物事を判断するときに、ひとつの視点からではなく、いろいろな視点から眺めてみることが大切だということです。臨機応変に、ケースバイケースで手段を講じなさいということです。八代将軍吉宗に「江戸には六十万の江戸がある」というこ とばが残っています。これは、当時の江戸の人口が六十万人で、その人の数ほど違う考え方があるということを言ったものでした。たとえば、前に出てきた異なる意見を大切にする「尊異論」も、この考え方が元になっています。民主主義の条件は多数決ですが、いくら多数派だからといっても、その力に負

けないしなやかさが必要と江戸人たちは考えていたのです。

「草主人従」でエコロジーをもう一度見直しましょう

江戸は西南に鈴ヶ森、東北に飛鳥の森という二つの豊かな緑に囲まれた町でした。この森は、明治になってことごとく切り倒され、新橋駅から横浜までの枕木になりました。また、防風、防火の意味も含めてお屋敷の周りには多くのケヤキが植えられていました。このケヤキは、夏になると涼しい日陰を作ってくれましたが、難点は落ち葉が雨樋につまることでした。そして、その対策として蓋をつけた竹製の樋をつけていました。ところが明治になって、この竹の樋を値段の安いブリキの樋にかえたところ、落ち葉がたまって腐ってしまい、こともあろうにその原因となるケヤキを切り倒してしまいました。江戸の古老たちはそのふるまいを嘆き、目先だけの利益で行動する人を「ケヤキ切るバカ」と呼びました。

また、町の景観はみんなのものと考え、屋根の色などは打ち合わせによって決めました。「安穏と雪のしずくはただでは得られない」という諺があったように、江戸には「都市の論理」がきちんとあったのです。割れた瀬戸物の焼き接《つ》ぎ、下駄の歯入れ、こわれた樽や桶を直すたが屋、見えにくくなった鏡を研《と》ぐ鏡研ぎ、紙くず拾い、古着屋、使えなくなった傘の骨を買う人、灰買いなど、リサイクルのシステムの行き届いた社会でした。

「草主人従」とは、自然の偉大さに感謝し、人はその偉大さに従うということです。今ごろになってエコロジーといって大騒ぎしているわたしたちを見て、江戸人たちはなんと言うでしょうか。

江戸しぐさは感性（センス）です

はじめにも言いましたように、江戸しぐさとは、目つき、表情、話し方、身のこなしなどを使って心を伝えることです。そして、相手の言いたいことや考えていることに想像力を働かせ、相手を思いやることができるようになってやっと一人前と言われました。また、当時の人は、江戸のことを「まさかの町」とも言い、なにが起こるかわからないので、常に自然を見る目、人を見る目を養わなければと互いに戒めあって暮らしていました。もちろん、子どもが大人の手伝いをするときも、こうした感性が求められました。「釘を取ってきて」と言われ、釘だけ持っていったら「釘と言われたらかなづちも一緒に持ってくるものだ」とたしなめられたそうです。この気働きが感性です。

こうした感性を身につけるのに特別な場所や勉強が必要ではありません。掃除や洗濯といった日常の中でも十分に可能です。日常だからといって気を抜いていると、まず、その人はだらしのない人になっていくでしょう。逆に、手を抜かない人は、そこで得たセンスがさらに仕事に活かされていきます。いい例が、ことば遣いや接客態度です。マニュアルに書いてあるからやったほうがいいという、一見、分別のあるような態度ですと、本当に身につきません。とっさのときの対応につながっていきませんし、マニュアルだけでは間に合わなくなることもたくさん出てくるのが現実です。ただがんばる、努力するだけではダメです。癖になるまで繰り返すと同時に、常に工夫が必要です。前と同じことをしているだけでは成長はありません。

グローバルスタンダードとしても立派に通用する「都市のセンス」、それが「江戸しぐさ」ではないでしょうか。

[念入れコラム]
6 江戸は「共感力」にあふれた町でした

世界的なベストセラー『EQ――心の知能指数』の著者、ダニエル・ゴールマン博士によると、EQとは自己認識力、粘り強さ、楽観性、熱意、衝動のコントロール力、そして共感力といった要素のことだそうです。

心理学者のゴールマン博士がEQに興味を持ったのは、IQの高い人が必ずしも人生で成功を収めているわけではないと気づいたからでした。そして、IQが高くてもEQが高いとは限らないけれど、EQが高ければIQの上昇にも大きく寄与する――ことを発見したのでした。つまり、共感力の高い人のほうが、技術的な能力も高い傾向があるということです。

江戸しぐさはとっくの昔にこのことに気づいていました。私の師、芝三光は次のように言っています。「江戸しぐさは知識ではない。感性なんだよ」と。感性とは、今にして思えばEQのことだったのですね。ライフスタイルが変わっても、人の心のぬくもりは大切です。IT時代の今だからこそ、ますます江戸しぐさが必要なのではないでしょうか。

［念入れコラム］7

「出来損ないにカラクリ」

「出来損ないにカラクリを無理強いすると小僧が目をはらす」という諺があります。この意味は次のようになります。できの悪い管理職にハッパをかけると、職責の順に下へ下へと責任をなすりつけ、いちばん下の部下（当時で言えば小僧）が目をはらす、ということです。カラクリとはカラクリ人形のカラクリと同じ意味で、計画、仕掛けを意味します。今もこんな人がいる、と申し上げるのはあえてよしておきましょう。

江戸しぐさは上に立つ者の心がけを説いたものですから、部下の目をはらすのは、これはいけません。上司にあるまじきふるまいですね。

業績が順調のときはともかく、悪くなったときこそ上司としての真価が問われます。そしてその結果は、日ごろから同僚を大切にしているか、社外に相談相手を持っているかなどが決め手になります。同僚を大切にしているかなどは、言うまでもありません。日ごろから江戸しぐさの心を生かしたお付き合いをしているかどうかということですね。思いやりを忘れてないか、威張っていないか、約束は守っているかなど、「仕草は思草」ということばをもう一度思い出してください。

[念入れコラム]
8

井蛙っぺい

学歴、職業、地位などで差をつけたがる人のことをこう言います。そして、そんな根性では世の中は渡っていけないよ、という意味で江戸人は、「井蛙っぺい」という言い方をしました。別な言い方をすれば、なんでも自分がいちばんと思いこんでいる世間知らずな人という意味です。今では禁句になった「いなかっぺい」はこのことばが元と言われています。

このような人は、人間関係の潤滑油である互角の付き合いを忘れ、ついつい自分がしゃしゃり出てしまいますね。江戸人たちは人間関係をまず第一と考えていましたから、狭い道ならぶつからないように蟹歩きをしてすれちがうなどは当たり前のしぐさです。ところが、井蛙っぺいな人は自分がいちばんと思い込んでいるわけですからそんな気配りはできません。仕事がうまくいかないと自分の責任を棚に上げ、上を突かずに下を突くことも平気です。これでは、出来損ないにカラクリです。いちばん下の部下が目をはらす破目になります。部下の責任は上司の責任と心得、仕事内容に問題があれば、上に訴えたのが江戸の商人しぐさでした。

［念入れコラム］9

江戸式ぞうきんがけ

ぞうきんのすすぎはジャブジャブと何度もやりません。さらっとすすいで、さらっと絞ります。拭くときはごしごしでなく、一回拭いたらひっくり返してもう一度拭くようにします。江戸のいきを象徴的に示す掃除の仕方です。実際にやってみるとよくわかりますが、疲れないしきれいになります。毎日の掃除にはもってこいの方法です。

江戸の町衆たちは、いきな暮らしを続けていくためにさまざまな準備や工夫を凝らしていました。たとえば商人の心得ですが、やる気、根気がまず重要と考えていたのは勿論ですが、それに加えてのんきという心構えを三番目に大切にしていました。（一二九ページ参照）。

勘違いされては困るのですが、江戸の商人たちは、やる気、やる気、さらにやる気、そして即実行だけのイケイケドンドンではありませんよ。無理は禁物という考え方もきちんとありました。そのためのひとつとして、健康のための自己管理を大切にしました。食事の前には手を洗い、多くの人が集まるところでは咳をしている人は遠慮をし、湯飲み茶碗は熱湯消毒しました。臨機応変に先を見越し、センスのいい暮らしを大切にする——そのための具体的な心配りが「江戸しぐさ」なのです。

おわりに

『シクラメンのかほり』『愛燦燦』の作詞作曲で知られた小椋桂さんのラジオ番組『このひと このうた このドラマ』にゲストとして出演したときのことです。わたしはさらりとしかし心をこめて歌う小椋さんの『シクラメンのかほり』が大好きですが、そんな小椋さんのセンスに感心させられました。さすがに、東京・上野の料亭の長男に生まれただけのことはあると感じ入りました。というのも、わたくしが話をはじめた途端に、この江戸しぐさが、武家がつくったものでなく、江戸の商人のリーダーたちが築き上げた商人しぐさ、繁盛しぐさであると、飲み込んでいただけたからです。

お話しできた時間はわずかでしたが、リラックスできた楽しいひと時でした。

江戸しぐさとは――ひと言で言えば、お互いに気持ちよく暮らすための心構えを形にしたものです。江戸人はこの心構えをマナーではなくセンスとして身につけました。

今まで申しあげてきたように、江戸しぐさの基本は「互いに助け合い、共に生きる」という精神です。自立した人々が対等に誇りを持って生きていくということです。江戸の共生は互角に向き合える、言い合える、付き合えるということです。

小椋さんからは、気持ちのいい仕事付き合いやうるおいのあるご近所付き合いを手に入れるためにも、現代の人は、この「江戸しぐさ」を「今しぐさ」として身につけて欲しいとおっしゃっていただけました。

江戸しぐさは、どなたでもできるやさしいことばかりです。でも、知っているだけではダメです。即実行しなければ意味がありません。そして実行するには感性と行動が一体になっている「瞬間芸」でないとダメですね。

江戸しぐさはグローバルスタンダードです。世界中どこでも通用します。どうぞひとつでもふたつでも、明日からでも実行し、次の世代へと伝えていただければ、江戸しぐさの語り部として、これほどの喜びはありません。

二〇〇八年九月吉日　　江戸しぐさ語り部の会主宰　越川禮子

索引

越川禮子（こしかわれいこ）

江戸しぐさ語りべの会主宰。㈱インテリジェンス・サービス取締役社主。一九二六年東京都生まれ。八六年アメリカの老人問題をルポした『グレイパンサー』で潮賞ノンフィクション部門優秀賞受賞。その後、江戸しぐさの伝承者、芝三光氏に出会い師事。江戸しぐさの語りべとして、執筆・講演など精力的に活動中。主な著書に『江戸の繁盛しぐさ』『身につけよう！江戸しぐさ』『「江戸しぐさ」完全理解』『暮らしうるおう江戸しぐさ』など。二〇〇七年、「NPO法人　江戸しぐさ」理事長に就任。

●入門　江戸しぐさ
「また会いたい人」と言われる話し方

2008年9月9日　初版第1刷発行

著者　越川禮子
発行者　阿部黄瀬
発行所　株式会社教育評論社
〒一〇三−〇〇〇一　東京都中央区日本橋小伝馬町二−五FKビル
電話　〇三−三六六四−五八五一
FAX　〇三−三六六四−五八一六
http://www.kyohyo.co.jp/

印刷製本　壮光舎印刷株式会社

ISBN 978-4-905706-29-8

定価はカバーに表示してあります。
落丁・乱丁本は送料弊社負担でお取り替えいたします。